可移动文物保护与利用研究

张冠超 著

中国出版集团
中译出版社

图书在版编目（CIP）数据

可移动文物保护与利用研究 / 张冠超著 . -- 北京：中译出版社, 2024. 8. -- ISBN 978-7-5001-8055-5

Ⅰ . G26

中国国家版本馆 CIP 数据核字第 2024HX1747 号

可移动文物保护与利用研究
KE YIDONG WENWU BAOHU YU LIYONG YANJIU

出版发行 / 中译出版社
地　　址 / 北京市西城区新街口外大街 28 号普天德胜主楼 4 层
电　　话 /（010）68359827，6835930（发行部）；68359725（编辑部）
邮　　编 / 100044
传　　真 /（010）68357870
电子邮箱 / book@ctph.com.cn
网　　址 / http://www.ctph.com.cn

出版统筹 / 杨光捷
责任编辑 / 钱屹芝
营销编辑 / 董思嫄　吴雪峰

排　　版 / 宋　罡
封面设计 / 宋　罡
印　　刷 / 三河市国英印务有限公司
经　　销 / 新华书店

规　　格 / 787 毫米 ×1092 毫米　1/16
印　　张 / 9
字　　数 / 180 千字
版　　次 / 2024 年 8 月第 1 版
印　　次 / 2024 年 8 月第 1 次

ISBN 978-7-5001-8055-5　　　　定价：52.00 元

版权所有　侵权必究

中 译 出 版 社

前　言

　　可移动文物是指那些可以被转移或移动的文物，如书籍、手稿、绘画、雕塑、工艺品等。这些文物承载着丰富的历史、文化和艺术价值，对于传承和弘扬民族文化、促进社会发展具有重要意义。因此，对可移动文物的保护与利用显得尤为重要。通过科学的保护措施，可以延长文物的寿命，保护其原有的文化、历史和艺术价值，使其得以传承。首先，可移动文物的利用可以促进文化产业的发展。通过合理利用文物资源，可以创造出更多的文化产品和服务，带动相关产业的发展，增加文化产业的经济效益。其次，文物的利用也可以促进社会教育和文化传播，提高人们的文化素质和审美水平。文物保护需要投入大量的人力、物力和财力，而一些地区和机构的文物保护条件有限，难以满足文物保护的需求。文物利用需要技术和市场的支持，有时文物的利用受到政策、市场等多方面因素的限制，难以充分发挥其价值。

　　本书旨在全面探讨可移动文物的保护与利用问题，为文物保护领域的学术研究者、文物管理者、从业人员以及对文物保护感兴趣的公众提供一份系统的参考资料。本书首先从概述可移动文物保护与利用的概念入手，介绍了可移动文物的定义与分类，以及保护与利用的重要性、意义和现状。随后，本书详细探讨了可移动文物保护的法律与政策框架，包括国际文物保护法律与公约、国内文物保护法律与政策等内容。在保护技术与方法方面，本书还介绍了文物保护的基本原则与技术、材料与工艺、现代技术应用等方面的知识。此外，本书还涵盖了可移动文物保护管理与机构、数字化保护与利用、社会参与、展览与教育利用、商业价值与利用、国际合作与交流等多个方面的内容。每一章均从理论到实践，从基础到前沿，从技术到管理，力求全面展示可移动文物保护与利用领域的最新成果和发展趋势。本书适用于文物保护、文化遗产管理、博物馆学等相关专业的学生和研究者，也可供相关从业人员参考使用。

  作者在写作本书的过程中，借鉴了许多前辈的研究成果，在此表示衷心的感谢。由于本书需要探究的层面比较深，作者对一些相关问题的研究不透彻，加之写作时间仓促，书中难免存在一定的不妥和疏漏之处，恳请前辈、同行以及广大读者斧正。

张冠超
2024 年 6 月

目 录
CONTENTS

第一章 可移动文物保护与利用概述 1
    第一节 可移动文物的定义与分类 1
    第二节 可移动文物保护的重要性与现状 4
    第三节 可移动文物利用的挑战 11

第二章 可移动文物的保护技术与方法 13
    第一节 文物保护的基本原则与技术 13
    第二节 可移动文物保护的材料与工艺 19
    第三节 文物保护的现代技术应用 26

第三章 可移动文物的保护管理与机构 31
    第一节 文物保护管理体制与机构设置 31
    第二节 文物保护管理的制度与规范 36
    第三节 文物保护管理的实践与经验 40

第四章 可移动文物的数字化保护与利用 43
    第一节 文物数字化的基本概念与技术 43
    第二节 文物数字化的方法与流程 49
    第三节 文物数字化的应用与展示 56

第五章 可移动文物保护与社会参与 61
    第一节 文物保护的社会参与模式 61
    第二节 文物保护志愿者与组织 77
    第三节 文物保护的公众教育与参与活动 81

第六章 可移动文物的展览与教育利用 84
    第一节 文物展览的策划与设计 84
    第二节 文物展览的组织与管理 86
    第三节 文物展览的教育与传播效果 90

第七章 可移动文物的商业价值与利用 95
    第一节 文物拍卖与交易市场 95

   　　第二节　文物文化产品的设计与开发 100
   　　第三节　文物文化产业的发展与规划 107
第八章　可移动文物的国际合作与交流 113
   　　第一节　文物保护的国际合作机制 113
   　　第二节　文物交流与展览合作 120
   　　第三节　文物合作项目的实施与管理 127
结　语 131
参考文献 133

第一章 可移动文物保护与利用概述

第一节 可移动文物的定义与分类

一、可移动文物的定义

可移动文物是指不固定于某一地点、可以被搬动或转移的文物,通常包括书籍、绘画、雕塑、器物、器皿、工艺品、服饰、装饰品等。这些文物具有历史、艺术、科学、社会等方面的价值,代表着特定历史时期、地域文化的成就和特征,对于研究历史、推动文化传承与交流具有重要意义。可移动文物的定义与其材质无关,而是强调其在文化和历史领域的价值和作用。因此,保护、研究和展示可移动文物是文化遗产保护的重要任务,也是促进文化多样性和传承的重要途径之一。

二、可移动文物的分类

可移动文物是指那些可以被搬动或移动的文物,通常包括书籍、绘画、雕塑、器物等。

(一)艺术品类

艺术品类是可移动文物中的重要部分,包括绘画、雕塑、工艺品等,这些文物通常具有较高的艺术价值和审美价值,代表着不同时期、不同地区的艺术风格和水平。艺术品不仅是物质形态的存在,更是人类文明和艺术创造的结晶,承载着历史和文化的记忆。绘画作为艺术品的一种表现形式,通过线条、色彩、形式等元素,传达着艺术家对于生活、情感、思想的表达。不同时期、不同地区的绘画风格各具特色,反映着当时社会文化、思想观念的变迁和发展。从古代的壁画、佛画,到近现代的油画、水彩画,每一种绘画形式都有其独特的艺术魅力和历史意义。

雕塑是另一种重要的艺术品表现形式,通过雕刻、塑造等方式,将艺术家的想象和创造力具象化。古代的石刻、青铜器,到现代的铜像、石雕,每一件雕塑作品都反映了艺术家对于形态、结构、比例的掌握和表现,展现着艺术的力量和美感。工艺品是艺术品类中的另一个重要组成部分,包括陶瓷、玉器、铜器等多种材质和形式。工艺品既具有实用性,又具有艺术性,融合了艺术和工艺的精髓。不同地区、不同民族的工艺品展现了丰富多彩的文化底蕴和审美追求，代表着人类智慧和创造力的结晶。

（二）历史文献类

历史文献类是可移动文物中的重要组成部分，包括书籍、文稿、信件等。这些文物承载着丰富的历史信息，记录了历史事件、人物事迹、社会风貌等，具有重要的历史价值和研究意义。书籍是历史文献类中最为重要的一种形式，记录了人类文明的发展历程和思想变迁。从古代的经典典籍到现代的文学作品，每一本书都是一个时代的见证者，反映着当时社会、文化和思想的特点和变化。通过研究古代书籍，可以了解古代社会的政治、经济、文化等方面的情况，对于推动文化传承和学术研究具有重要意义。

文稿是另一种重要的历史文献形式，包括历史记录、笔记、日记等。这些文献记录了个人或团体的经历和见解，是了解历史事件和人物思想的重要途径。例如，著名的历史文献《史记》就是一部集中了大量历史文稿的巨著，为我们了解中国古代历史提供了宝贵资料。信件也是历史文献类中的重要形式，记录了人们之间的交流和互动，反映了当时社会的风貌和人们的生活状态。通过研究历史信件，可以了解历史人物的思想、情感和行为，为历史研究提供了珍贵的素材和视角。

（三）器物类

器物类是可移动文物中的重要组成部分，包括陶瓷、玉器、铜器、青铜器等。这些文物反映了古代人们的生活习俗、工艺水平和审美观念，具有很高的文化和收藏价值。陶瓷作为古代最重要的工艺品之一，历史悠久，技艺精湛。中国古代陶瓷工艺在世界陶瓷史上占有重要地位，其瓷器以绚丽的色彩、精美的纹饰和高超的制作工艺而著称。不同历史时期、不同地区的陶瓷器物展现了各具特色的艺术风格，反映了当时社会的生活方式和审美趣味。

玉器在中国古代被视为珍贵的工艺品，其制作工艺复杂精湛，具有很高的收藏价值。古代玉器多为礼器和装饰品，反映了古代人们对于美的追求和对于祭祀礼仪的重视。玉器不仅在工艺上体现了古代工匠的高超技艺，更承载了古代文化的传承和发展。铜器和青铜器是中国古代的重要器物类文物，具有悠久的历史和独特的艺术风格[1]。古代铜器在冶炼、铸造、镂刻等方面技艺独到，其器形多样，纹饰精美，反映了古代冶铸工艺的高度发展和古代社会的生产生活方式。青铜器则更多用于祭

---

[1] 翟杰群, 贾坚, 谢小林. 隔离桩在深基坑开挖保护相邻建筑中的应用[J]. 地下空间与工程学报, 2010, 6(1): 162-166.

祀和礼仪用途，其制作工艺更加复杂，代表了古代工匠在金属工艺上的巅峰水平。

（四）考古发掘品类

考古发掘品类是可移动文物中的重要组成部分，包括从考古发掘中出土的文物，如古代墓葬中的陪葬品、古代遗址中的生活用具等。这些文物是古代社会的实物证据，通过对这些文物的研究和分析，可以了解古代社会的文化、制度、经济等方面的情况，对于揭示历史真相和推动文化传承具有重要意义。古代墓葬中的陪葬品是考古发掘品类中的重要组成部分，反映了古代人们的生活方式、社会地位和信仰观念。通过对陪葬品的研究，可以了解古代社会的丧葬制度、宗教信仰和物质文化水平，为研究古代社会提供了重要的实物依据。

古代遗址中的生活用具是考古发掘品类中的另一个重要组成部分，反映了古代人们的生产生活方式和技术水平。通过对生活用具的研究，可以了解古代社会的农业生产、手工业制作和生活习俗，为我们理解古代社会的经济基础和社会结构提供了重要线索。除此之外，考古发掘品类还包括古代建筑、器物、文字等多种形式的文物。这些文物不仅具有重要的历史和文化价值，更是了解人类文明发展历程的重要途径。通过对考古发掘品类文物的研究和保护，可以有效地保护和传承人类文明的宝贵遗产，促进文化多样性和社会进步。

（五）民俗文物类

民俗文物类是可移动文物中的重要组成部分，包括民间艺术品、传统工艺品、民间文学作品等。这些文物反映了民间文化的特点和传统，对于研究民俗学和民间艺术具有重要意义。民间艺术品是民俗文物类中的重要组成部分，它们是民间艺术家根据传统技艺和审美观念创作的作品，具有浓厚的民间特色和地域文化风格。民间艺术品包括绘画、剪纸、刺绣、民间音乐等多种形式，每一种形式都反映了当地人民的生活习俗、信仰观念和审美情趣，承载着丰富的文化内涵和历史信息。

传统工艺品是民俗文物类中的另一个重要组成部分，它们是民间工匠凭借传统工艺技艺和经验创作的实用品或装饰品，具有较高的艺术价值和历史意义。传统工艺品包括陶瓷、木雕、铜器等多种形式，每一种形式都反映了古代工匠的智慧和技艺，展现了古代文化的瑰宝和传承。民间文学作品是民俗文物类中的另一个重要组成部分，它们是民间传承的口头文学作品，包括民间故事、民间歌谣、民间戏剧等。这些作品反映了人民群众的生活态度、价值观念和审美情趣，承载着丰富的民间智慧和文化传统，对于研究民间文学和了解民间精神世界具有重要价值。

(六) 古籍善本类

古籍善本类是可移动文物中的重要组成部分，包括古代书籍、典籍、善本等。这些文物代表了古代文化和学术成就，对于保护和传承中华传统文化具有重要意义。古代书籍是古籍善本类文物的重要组成部分，它们记录了古代社会的思想、文化和学术成就，是中华传统文化的重要组成部分。古代书籍包括经典典籍、史书、哲学著作等，每一本书都承载着古代智慧和文化传统，对于推动文化传承和促进学术研究具有重要意义。

典籍是古籍善本类文物中的另一个重要组成部分，它们是古代法律、官制、礼仪等方面的权威文献，具有很高的历史和学术价值。典籍反映了古代社会的法制和治理方式，是了解古代社会制度和文化传统的重要依据，对于研究中华传统文化和历史具有不可替代的价值。善本是古籍善本类文物中的精品，它们是古代书籍的珍贵抄本或版本，具有极高的艺术和历史价值。善本不仅在内容上反映了古代文化和学术成就，更在形式上展现了古代书法、装帧、纸张等方面的精湛技艺，是中华传统文化的瑰宝和遗产。

第二节 可移动文物保护的重要性与现状

一、可移动文物保护的重要性

(一) 文化传承

文化传承是人类社会发展的重要组成部分，而可移动文物作为文化传承的重要载体，承载了丰富的历史、文化和艺术信息，记录了人类文明的发展历程和创造成就。通过保护可移动文物，可以传承和弘扬人类文化的精华和智慧，促进文化的传承和发展。可移动文物包括了各个历史时期的物品，如古代的器物、书籍、绘画、雕塑等，每一件文物都是一个时代的见证者，承载着特定时期人们的生活方式、审美观念、宗教信仰等多方面的信息。通过这些文物，人们可以了解到古人的生活状态、思想观念和文化传统，从而更好地认识和把握人类社会的发展历程。

可移动文物还具有跨越时空的特点，它们不仅反映了当地文化，还展现了各地文化之间的联系和交流。比如，丝绸之路上的文物，既反映了古代丝绸之路沿线各地的文化，也表现了东西方文明交流的历史。通过保护和传承这些文物，可以促进不同文化之间的交流与理解，推动文化多样性的发展。在当今社会，随着科技的发展和文化的交流，可移动文物保护的重要性愈加凸显。保护可移动文物不仅可以传承文化，也可以为文化创新提供源源不断的灵感。比如，在传统文化中寻找创新元素，可以为当代文化产业的发展注入新的活力，为经济社会的发展注入新的动力。

(二) 历史见证

可移动文物作为历史的见证者，承载着丰富的历史记忆和文化故事，是历史传承的珍贵资源。可移动文物中包含了各个历史时期、各个地区的物品，如古代器物、书籍、绘画、雕塑等，每一件文物都承载着特定时期人们的生活方式、审美观念、宗教信仰等多方面的信息。这些文物通过其独特的形式和内容，向人们展示了古代社会的风貌和特点，为后人了解历史提供了宝贵的线索和参考[①]。

(三) 审美价值

可移动文物通常具有较高的艺术价值和审美价值。保护这些文物可以让人们欣赏到优秀的艺术作品，提升审美情趣和文化品位。可移动文物中的绘画、雕塑、工艺品等艺术作品，不仅反映了当时社会的审美观念和艺术水平，更展现了艺术家的创造力和才华。这些作品通过其独特的艺术风格和表现形式，向观者展示了古代艺术家的思想、情感和审美追求，为后人提供了欣赏和学习的机会。

可移动文物还反映了不同地区、不同文化背景下的艺术风格和特点。比如，中国的古代绘画和雕塑作品，体现了中国传统艺术的独特魅力和内涵，展现了中国人民对自然、生活的独特理解和表现方式。通过欣赏这些文物，人们可以了解到不同文化间的艺术交流和影响，促进跨文化的艺术理解和交流。审美价值的提升已经成为人们追求精神享受和文化品位的重要方式。保护可移动文物，可以让人们接触到更多优秀的艺术作品，提升个人的审美情趣和文化素养。同时，通过传承和弘扬艺术传统，可以激发人们对艺术的热爱和创造力，推动艺术的发展和传播。

(四) 文化多样性

不同地区、不同民族的可移动文物展现了丰富多彩的文化传统和风俗习惯，反映了人类文化的多样性。保护这些文物有助于促进文化多样性的交流和发展。可移动文物作为文化遗产的重要组成部分，承载着不同地域、不同民族的文化传统和历史文明。例如，中国的陶瓷艺术、印度的佛教雕塑、非洲的部落工艺品等，都展现了各自地区的独特文化风貌和艺术特色。保护和传承这些文物可以使人们更加深入

---

① 钟铮，许亮，王祺国，等. 紧邻保护建筑的深基坑逆作法设计与实践[J]. 岩土工程学报，2010，32(增刊一)：249-255.

地了解和欣赏世界各地的文化多样性，增进不同文化之间的交流和理解。

可移动文物还反映了不同历史时期、不同社会阶层的生活方式和价值观念。通过研究和保护这些文物，可以了解到人类社会的发展历程和文化变迁，进而促进跨文化的对话和交流。例如，古代丝绸之路上的文物，反映了东西方文明的交流和融合，为人类历史文化的交流与发展提供了重要的见证和依据。文化多样性的促进已经成为全球化时代的重要课题。保护可移动文物不仅可以维护本土文化的独特性和多样性，还可以促进不同文化之间的相互尊重和包容，推动文化多样性的交流和发展。这对于构建和谐世界、实现人类共同发展具有重要意义。

（五）教育意义

可移动文物可以作为教育资源，帮助人们了解和学习历史、艺术、文化等方面的知识。保护这些文物可以为教育事业提供丰富的教学素材和实践机会。可移动文物中包含了丰富的历史信息，如历史事件、人物事迹、社会风貌等，可以帮助人们更加直观地了解和感受历史的变迁和演进。通过观摩文物，学生可以接触到真实的历史资料，了解到古代人们的生活方式、思想观念、社会制度等，从而增长见识、拓宽眼界。

可移动文物中的艺术作品也具有教育意义。艺术作品反映了艺术家对世界的观察和理解，展现了艺术创作的独特魅力和思想内涵。通过学习艺术作品，可以培养学生的审美情趣和艺术鉴赏能力，激发他们对艺术的兴趣和热爱，促进他们全面发展。可移动文物还可以激发学生的学习兴趣和创造力。文物中蕴含着丰富的文化信息和历史背景，可以启发学生思考和探索，激发其对知识的渴望和追求。通过与文物互动、参观博物馆等实践活动，学生可以深入了解文化遗产，从而提升其学习动力和效果。

教育资源的丰富性和多样性对于培养学生的综合素质和创新能力至关重要。保护可移动文物可以为教育事业提供丰富的教学资源和实践机会，为学生的全面发展和终身学习打下坚实基础。

（六）经济价值

可移动文物具有一定的经济价值，可以作为文化旅游的重要资源，带动当地经济的发展。保护这些文物可以促进文化旅游业的繁荣和地区经济的增长。可移动文物作为历史和文化的见证者，承载着丰富的历史和文化信息，具有独特的历史价值和文化价值。人们通过参观文物展览、文化遗址等方式，可以感受到历史的厚重和文化的魅力，增加对历史文化的了解和认识。这种文化旅游形式吸引了大量游客，为当地经济带来了可观的收入和就业机会。

可移动文物的保护和传承也为文化创意产业的发展提供了重要支撑。文物作为创意的源泉和灵感来源，激发了艺术家和设计师的创作热情和创新能力，推动了文化产业的蓬勃发展。比如，以文物为主题的文创产品、文化衍生品等，成为文化旅游业的重要组成部分，为地方经济注入了新的活力。文化旅游已经成为一种重要的旅游方式，受到了越来越多游客的青睐。保护可移动文物不仅可以提升旅游目的地的知名度和美誉度，还可以为地方经济的发展注入新的动力。通过加大文物保护力度、加强文化旅游宣传和推广，可以更好地挖掘和利用文物资源，促进文化旅游业的繁荣和地方经济的增长。

二、可移动文物保护的现状

（一）保护意识不足

文物保护已成为一项重要的工作，然而，可移动文物保护却面临着一些严峻的挑战，其中之一就是保护意识不足。部分管理者和公众对于可移动文物保护的重要性认识不足，缺乏保护意识，导致对文物的管理和保护不够重视。这种现象在一定程度上阻碍了文物保护工作的开展，也给文物的安全带来了潜在的风险。保护意识不足导致了对文物的管理和保护工作缺乏有效的组织和规划。在一些单位和地区，管理者对于文物保护的重要性认识不够，往往将文物保护工作作为次要任务来对待，导致相关工作的开展存在被动性和敷衍态度，难以形成有效的管理机制和保护措施。

公众对于文物保护的认知不足也是导致保护意识不足的重要原因。在一些地方，公众对于文物保护的了解主要停留在表面，缺乏深入的认识和了解，导致对于文物保护工作的重要性和紧迫性认识不足，难以积极参与到文物保护工作中来。保护意识不足也容易导致对文物的破坏和盗窃行为。在一些情况下，由于管理者和公众对文物保护意识不足，对文物的价值和珍贵性认识不足，容易出现对文物的不当处理和管理，甚至出现盗窃等违法行为，给文物的安全和完整性带来了严重的危害。

（二）管理体制不完善

文物管理部门的管理体制和机制不够完善，是导致可移动文物保护工作难以有效开展的重要原因之一。在当前的文物管理工作中，存在着一些管理漏洞和管理盲区，这不仅影响了文物保护工作的开展，也给文物的安全和完整性带来了一定的风险和挑战。管理体制不完善导致了文物管理工作的分工不清、职责不明。在一些地区和单位，文物管理部门的管理体制和机制比较落后，存在着管理职责不明确、工作分工不清晰的情况，导致文物管理工作难以有效开展。例如，一些文物管理部门缺乏统一的管理标准和规范，工作人员之间的协作和配合存在一定的困难，影响了文物管理工作的效率和质量。

管理体制不完善导致了文物管理工作的监督和评估机制不健全。在一些地区，由于文物管理部门的管理体制不完善，存在对文物管理工作缺乏有效监督和评估的情况，导致文物管理工作的效果无法及时评估和调整，影响了文物管理工作的长远发展。管理体制不完善还容易滋生文物管理工作中的腐败现象。由于管理体制不完善，存在管理人员滥用职权、以权谋私等腐败现象，导致文物管理工作的公正性和透明度受到影响，给文物的保护带来了严重的隐患。

（三）保护技术水平不高

在可移动文物保护工作中，保护技术水平不高是一个比较突出的问题。一些地区和单位缺乏先进的保护技术和手段，导致文物的保护效果不佳。保护技术水平不高导致了文物的保护工作存在一定的局限性。由于保护技术水平不高，往往只能采取传统的保护方法和手段，难以应对复杂多变的文物保护需求，导致文物的保护效果不尽如人意。

保护技术水平不高影响了文物保护工作的科学性和专业性。在当今科技发展日新月异的时代，文物保护领域也涌现出许多先进的保护技术和手段，然而，一些地区和单位往往无法及时掌握和应用这些技术，导致文物保护工作缺乏科学性和专业性。保护技术水平不高还容易导致文物的保护工作存在一定的风险。文物保护工作存在一定的不确定性和风险，容易导致文物在保护过程中受损或损失，给文物的安全带来了潜在的危害。

（四）缺乏专业人才

文物保护领域的发展离不开高素质的专业人才支持，然而，当前文物保护领域缺乏高素质的专业人才，人才队伍结构不合理，这给文物保护工作带来了一定的困难和挑战。缺乏专业人才是当前文物保护领域面临的一个重要问题。缺乏专业人才导致了文物保护工作的执行力不足。由于缺乏高素质的专业人才，文物保护工作的执行力不足，从而难以有效地推进文物保护工作。例如，一些地方的文物保护单位缺乏专业的文物保护人员，导致文物保护工作无法得到及时和有效的开展。

人才队伍结构不合理导致了文物保护工作的协调性和配合性不足。在一些单位，由于人才队伍结构不合理，存在着专业人才与非专业人才之间的配合不畅、协调不力的情况，影响了文物保护工作的整体效果。

(五)保护经费不足

保护文物工作的重要性毋庸置疑，但在现实中，文物保护常常面临着一大难题——经费不足。文物保护需要大量资金投入，包括文物修复、保护设施建设、人员培训等方面，但由于经费来源有限，文物保护工作往往难以开展和维持，对文物的保护和传承构成严峻挑战。文物保护工作需要专业人才进行文物修复、保护和管理，这就需要投入大量资金用于人员培训和薪酬支出。然而，由于文物保护并非直接创造经济效益的行业，很多文物保护机构的经费来源主要依靠政府拨款和社会捐赠，这些资金往往难以满足人员培训和薪酬支出的需求。因此，人才队伍的建设和保障成为文物保护工作中的一大难题。

文物保护还需要投入大量资金用于文物修复和保护设施建设。由于文物的修复和保护需要专业知识和技术，修复过程中可能需要使用昂贵的材料和设备，这就需要大量的资金投入。同时，为了保护文物免受自然灾害和人为破坏，需要建设完善的保护设施，如文物博物馆、文物保护库等，这也需要大量的经费支持。然而，由于经费有限，很多文物保护机构在文物修复和保护设施建设方面往往捉襟见肘，无法达到最佳效果。文物保护工作还需要投入资金用于科研和宣传教育。科研是文物保护的基础工作，通过科研可以更好地了解文物的价值和状态，为文物修复和保护提供科学依据。而宣传教育则是提高公众对文物保护的认识和重视程度，促进社会各界对文物保护工作的支持和参与。然而，很多文物保护机构在科研和宣传教育方面的投入往往不足，影响了文物保护工作的开展和效果。

(六)文物盗窃和破坏

文物盗窃和破坏是当前文物保护领域面临的重要问题之一，这些不法行为给文物保护工作带来了严重的安全隐患，加大了文物保护的难度和风险。文物盗窃和破坏不仅使文物的损失不可估量，而且严重破坏了文物的完整性和历史价值，给文物的保护和传承构成了巨大威胁。

文物盗窃是指盗窃者非法获取文物并加以出售或私藏的行为。由于文物具有独特的历史、文化和艺术价值，因此往往成为盗窃分子的目标。盗窃文物不仅损失了文物本身，也损害了文物保护机构的声誉和公众对文物保护的信心。为了防止文物被盗窃，文物保护机构需要加强对文物的安全保卫工作，提高对文物价值的认识，增强社会公众对文物保护的重视程度。

文物破坏是指人为或自然因素导致文物损毁或毁坏的行为。文物破坏不仅会造成文物的永久损失，也会破坏文物的历史完整性和文化价值。文物保护机构需要采取有效措施，防止文物遭受破坏，包括加强对文物的保护和监管，加强文物保护法律法规的制定和执行力度，保护文物的完整性和历史价值。

文物盗窃和破坏的现象不仅对文物本身造成了严重损失，也损害了文物保护工作的声誉和公众对文物保护的信心。为了更好地保护和传承文物，需要加强对文物保护工作的监管和执法力度，提高社会公众对文物保护的认识和重视程度，共同参与文物保护工作，共同守护好人类共同的文化遗产。

(七) 缺乏有效监管

文物保护工作的重要性不言而喻，然而，目前的文物保护工作面临一个严重的问题，即缺乏有效监管。缺乏有效监管会导致文物保护工作的效果无法及时评估和调整，影响文物保护工作的实际效果和长远发展。缺乏有效监管意味着文物保护工作缺乏明确的责任分工和监督机制。在文物保护工作中，涉及多个部门和单位，如果缺乏有效的监管和评估机制，各部门和单位可能会出现工作推诿、责任不明等问题，导致文物保护工作难以开展和维护。

缺乏有效监管还可能导致文物保护工作中出现不规范和不合理的现象。在没有监管的情况下，一些文物保护机构可能会出现管理混乱、工作不力等问题，影响文物保护工作的质量和效果。缺乏有效监管也会影响文物保护工作的公信力和透明度。文物保护工作的执行情况和效果无法及时公开和评估，容易导致公众对文物保护工作的质疑和不信任。

为了解决文物保护工作缺乏有效监管的问题，需要建立健全的监管和评估机制。首先，应明确文物保护工作的责任主体和监管部门，建立起责任分工和监督机制。其次，应加强对文物保护工作的监督和评估，及时发现和解决工作中的问题，提高文物保护工作的效率和质量。最后，应加强对文物保护工作的宣传和公开，增强公众对文物保护工作的信任和支持。

(八) 信息化水平不高

当前，文物保护管理信息化水平不高，缺乏有效的信息化手段和平台，这直接影响了文物保护工作的效率和质量。信息化不仅可以提高文物保护工作的管理效率和保护水平，还可以促进文物资源的合理利用和文化遗产的传承。文物保护管理信息化水平不高主要表现在信息化手段和平台缺乏，导致文物保护工作的管理和监督存在困难。目前，很多文物保护机构在信息化方面的建设仍停留在初级阶段，信息化手段和平台的建设相对滞后，无法满足文物保护工作对信息化管理的需求。

文物保护管理信息化水平不高也影响了文物保护工作的效率和质量。由于信息化水平不高，文物保护工作中存在着信息不对称、数据不准确等问题，影响了文物保护工作的决策和执行效果。同时，信息化水平不高还可能导致文物保护工作中出现工作重复、资源浪费等现象，影响了文物保护工作的经济性和效益。文物保护管理信息化水平不高也影响了文物资源的合理利用和文化遗产的传承。信息化可以帮助文物保护机构更好地管理和利用文物资源，促进文化遗产的传承和创新。然而，文物保护机构在文物资源的管理和利用方面存在着一定的困难，影响了文化遗产的传承和发展。

第三节 可移动文物利用的挑战

一、文物保护和安全挑战

可移动文物包括各种具有历史和文化价值的物品，它们的保存和展览需要采取一系列的措施来确保其完整性和安全性。然而，由于资源有限和管理不到位等问题，文物保护和安全面临着一定的挑战。文物保护和安全需要进行环境控制。文物对环境的要求比较严格，需要控制温度、湿度、光照等因素，以防止文物受到环境的损害。但是，由于环境控制设备和技术的限制，一些文物保存环境可能无法达到最佳状态，增加了文物的损坏风险。

文物的保存和展览场所需要安装防火设施和防盗设备，以保证文物不受火灾和盗窃的威胁。然而，由于设备维护不到位或监管不严，文物防火防盗的效果可能不尽如人意，文物安全面临一定的风险。文物保护和安全需要进行定期的检查和维护。文物是易损物品，需要定期检查其保存状态，并采取相应的保养措施。然而，由于人力物力有限，一些文物可能无法及时得到维护，增加了文物受损的风险。

二、法律法规挑战

在利用可移动文物过程中，遵守相关的法律法规是一项重要的挑战。文物保护法规定了对文物的保护和利用的具体要求，但是由于执行不到位和监管不足等问题，文物的利用在一定程度上受到了限制。文物保护法规的执行存在一定的问题。尽管文物保护法规规定了对文物的保护和利用的具体要求，但是在实际执行过程中，由于监管不到位、执法不严等问题，导致一些文物的保护和利用存在漏洞，给文物带来了一定的风险。

文物保护法规的监管存在不足。文物保护工作需要相关部门进行监管和管理，但是由于监管部门的人力、物力等资源有限，监管工作存在一定的不足，导致文物的保护和利用不够规范和有序。文物保护法规的执行和监管存在差异。在不同地区和不同部门之间，对文物保护法规的执行和监管存在差异，导致文物的保护和利用标准不一致，给文物的保护和利用带来了一定的困扰。

三、文化产业发展挑战

文物的利用涉及文化产业的发展，但是文化产业的发展在一定程度上受到了影响，制约了文物产业的发展。文化产业是一个涵盖广泛的领域，包括文化创意产业、文化传媒产业、文化旅游产业等，而文物的利用则是文化产业中的重要组成部分，对于推动文化产业的发展具有重要意义。文化产业发展不平衡是制约文物利用的一个重要因素。在一些发达地区，文化产业发展较为成熟，文物利用水平较高，但在一些欠发达地区，由于资源匮乏和发展水平不足，文物的利用受到了一定的限制，影响了文物产业的发展。

四、社会文化活动丰富性挑战

社会文化活动的丰富性是一个社会面临的挑战，尤其在利用可移动文物方面。这些文物承载着丰富的历史和文化内涵，可以成为丰富文化活动的重要资源。然而，当前存在的问题是，文化活动的组织和管理方面存在诸多挑战，导致了文化活动的丰富性不足，影响了文物的有效利用。在实践中，文化活动的组织可能受到资源分配不均、管理体制不完善等方面的制约。资源分配不均可能导致某些地区或机构在文化活动举办方面面临困难，无法充分利用可移动文物。例如，一些偏远地区可能缺乏资金和人力资源，难以组织丰富多彩的文化活动。管理体制不完善也是一个问题，可能导致文化活动组织者缺乏有效的指导和支持，无法有效地利用文物资源。

文化活动的策划和执行方面也存在一些挑战，影响了活动的丰富性。一方面，可能缺乏对受众需求的深入了解，导致策划的活动无法吸引到足够的参与者。例如，一些文化活动可能过于专业化或过于晦涩，普通民众难以理解和参与。另一方面，执行过程中可能存在组织混乱、活动内容单一等问题，影响了活动的吸引力和影响力。除了组织和管理方面的挑战，文化活动的推广和传播也面临一些难题。当前，信息技术的发展为文化活动的推广提供了新的机遇，但也带来了新的挑战。一方面，可能存在信息不对称的问题，部分文化活动无法有效地传达给潜在的受众。另一方面，虽然社交媒体等平台为文化活动的传播提供了便利，但也可能导致信息过载和传播效果不佳，影响了活动的持续性。

第二章 可移动文物的保护技术与方法

第一节 文物保护的基本原则与技术

一、可移动文物保护的基本原则

(一) 保护优先原则

保护优先原则是可移动文物保护工作中的核心原则之一,其重要性不言而喻。可移动文物代表着历史的痕迹、文化的传承,承载着民族的记忆和情感,是珍贵的文化遗产,应当被珍视、呵护、传承。将可移动文物保护置于首要位置,就是要确保可移动文物的完整性和永久性保存,这不仅是对可移动文物本身的尊重,也是对历史和文化的尊重。保护优先原则要求采取一系列措施,以防止可移动文物被破坏、盗窃或非法流失。要加强可移动文物的保护和管理,健全保护制度和机制。这包括制定相关法律法规,建立可移动文物保护部门,配备专业人员,建立可移动文物档案和数据库,加强可移动文物的监测和巡查等。只有确保可移动文物得到有效的保护和管理,才能有效地防止可移动文物的破坏和流失。

要加强对可移动文物的安全防范措施。这包括加强对可移动文物的保护区域的监控和巡查,加强围墙、门禁等设施的建设和维护,建立健全的警务保卫制度,保障可移动文物的安全。同时,还要加强对可移动文物的管理和使用,规范可移动文物的开放和利用,防止可移动文物因管理不善而受损。还要加强对可移动文物的宣传和教育工作[1]。通过宣传和教育,提高公众对可移动文物保护的认识和重视程度,增强全社会的可移动文物保护意识,形成保护可移动文物的良好氛围。只有全社会都认识到可移动文物的重要性,才能更好地保护可移动文物。

(二) 合法权利原则

可移动文物的所有权、使用权和处置权属于可移动文物所有者的合法权利,应得到充分尊重和保护。保护可移动文物时,必须遵守相关法律法规,尊重可移动文

---

[1] 边成洋. 邻近深基坑工程的历史文物建筑保护措施研究 [J]. 建筑施工,2019,41(7): 1206-1208.

物所有者的意愿和利益，做到合法、公正、透明，确保可移动文物保护工作的合法性和有效性。可移动文物所有者拥有可移动文物的所有权，这是其最基本的权利。必须尊重可移动文物所有者的所有权，不得擅自侵犯或剥夺其所有权。可移动文物所有者还拥有可移动文物的使用权，即对可移动文物进行利用和开发的权利。在保护可移动文物时，应尊重可移动文物所有者的使用权，充分考虑其合法权益，确保可移动文物的合理利用和开发。

可移动文物所有者还拥有可移动文物的处置权，即对可移动文物进行转让、交换、赠予或销毁的权利。必须尊重可移动文物所有者的处置权，不得擅自干涉或限制其处置行为。可移动文物所有者对可移动文物的处置权是其合法权利的体现。应当遵守相关法律法规，尊重可移动文物所有者的意愿和利益。可移动文物保护工作必须依法进行，不得违法违规。在保护可移动文物的过程中，应与可移动文物所有者进行沟通和协商，充分听取其意见和建议，尊重其合法权益，确保可移动文物保护工作的合法性和公正性。

(三) 可移动文物固有价值原则

可移动文物固有价值原则是可移动文物保护工作的重要原则之一。可移动文物作为历史的见证、艺术的珍品、科学的研究对象和文化的传承者，具有独特而不可替代的价值。尊重可移动文物本身的历史、艺术、科学和文化价值，是保护可移动文物的根本出发点和着力点。可移动文物具有丰富的历史价值，记录着人类社会的发展历程和文明进步。应当充分考虑其所具有的历史价值，保护其历史信息和历史痕迹，确保其历史价值得以传承和弘扬。

可移动文物还具有高度的艺术价值，代表着人类在艺术创作上的成就和表现。应当充分尊重其艺术价值，保护其艺术特色和艺术风格，确保其艺术价值得以体现和传承。可移动文物还具有重要的科学价值，对于研究人类历史、文化和科学等方面具有重要意义。应当充分考虑其科学价值，促进对其进行科学研究和学术探讨，推动可移动文物保护工作的科学化和专业化发展。可移动文物具有深厚的文化价值，承载着民族的文化传统和精神文化。应当充分尊重其文化价值，保护其文化特色和文化传统，促进文化传承和弘扬。

(四) 传承原则

可移动文物的保护不仅仅是为了当代人的欣赏和研究，更重要的是为了将其传承给后代。可移动文物代表了一个国家、一个民族的历史和文化，承载着丰富的文化信息和精神财富。保护可移动文物要考虑到未来世代的需求和利益，采取长期的保护措施，确保可移动文物得以永久传承。可以让后代了解和认识历史，传承和发扬民族文化，增强民族凝聚力和自豪感[①]。因此，保护可移动文物不能只是满足当代需求，更要考虑到后代的需求，为后代留下丰富的文化遗产。

为了将可移动文物传承给后代，需要采取长期的保护措施。健全保护制度和机制，确保可移动文物得到有效的保护。要加强可移动文物的科学研究和学术传承，促进对可移动文物的认识和理解，为可移动文物的传承打下坚实的基础。要加强对可移动文物的宣传和教育，形成全社会对可移动文物传承的共识和支持。

（五）可持续发展原则

在可移动文物保护和管理中，应考虑到可持续发展的要求。可移动文物保护不仅仅是为了当代，更是为了后代。因此，保护可移动文物不能对环境和社会造成负面影响，应与社会经济发展相协调，实现可移动文物保护与可持续发展的良性互动。可持续发展原则要求在可移动文物保护和管理中兼顾环境、经济和社会的平衡。要注重可移动文物保护对环境的影响。在可移动文物保护和管理过程中，应采取措施减少对环境的破坏，保护周围的生态环境。例如，在可移动文物保护区域内建设生态园林，保护野生动植物，确保可移动文物保护工作与环境保护相协调。

要注重可移动文物保护对社会的影响。可移动文物保护工作应当符合社会的发展需求，促进社会经济的发展。例如，通过可移动文物保护和利用，促进旅游业的发展，增加就业机会，提高当地居民的生活水平，实现可移动文物保护与社会经济发展的良性互动。还要注重可移动文物保护对文化传承的影响。可移动文物保护工作应当促进文化传承和发展，弘扬民族文化，增强文化自信。例如，通过可移动文物展览和文化交流活动，传承和弘扬中华民族的优秀文化传统，促进中华文化的繁荣和发展。

（六）参与性原则

这一原则鼓励公众积极参与可移动文物保护和管理工作，通过广泛的参与，可以增强可移动文物保护的效果，促进文化传承和社会发展。公众参与是可移动文物保护和管理工作的重要方式之一。通过公众参与，可以更好地了解公众对可移动文物保护的需求和期望，促进可移动文物保护工作的科学化、民主化和法治化。公众参与还可以增强可移动文物保护的社会效果，提高可移动文物保护的公信力和可持续性。

---

① 郭珍.数字化为馆藏文物保驾护航[J].文化产业，2024(3): 67-69.

公众参与可以通过多种方式实现。可以通过宣传和教育活动，增强公众参与可移动文物保护的积极性和主动性。可以通过组织公众参与可移动文物保护的志愿活动，让更多的人参与到可移动文物保护工作中，增强公众对可移动文物保护的责任感和使命感。还可以通过建立可移动文物保护的社会组织和机构，为公众提供参与可移动文物保护的平台和机会，促进公众参与可移动文物保护的广泛开展。通过以上方式，可以实现公众参与可移动文物保护和管理工作，增强可移动文物保护的效果。

(七) 专业性原则

文物保护工作在当今社会中扮演着至关重要的角色。为了确保文物得到有效的保护和管理，专业性原则成为不可或缺的一环。专业性原则指的是文物保护工作应由专业人士负责，遵循科学的原则和方法。这一原则的实施不仅需要专业人士的参与，还需要跨学科的研究和合作，以确保文物得到全面的、专业的保护和管理。专业性原则要求文物保护工作由专业人士负责。这些专业人士通常具有相关学科的专业知识和经验，能够准确地识别、评估和处理各种文物保护工作中遇到的问题。他们不仅了解文物的历史、文化和艺术价值，还熟悉文物保护的理论、方法和技术。因此，专业人士在文物保护工作中扮演着不可替代的角色，他们的专业知识和技能直接影响着文物的保护质量和效果。

专业性原则要求文物保护工作遵循科学的原则和方法。科学的原则和方法是指在文物保护工作中应该遵循客观、科学、系统、综合的原则，采用科学的技术和方法进行文物的保护、修复和管理。例如，在文物的保护修复过程中，应该根据文物的材质、损坏程度和历史特点，科学地选择适当的修复方法和材料，以确保修复后的文物既能够保持其原有的历史面貌和艺术风格，又能够满足长期保存的需要。专业性原则要求文物保护工作需要跨学科的研究和合作。文物保护工作涉及多个领域，包括历史学、考古学、文化遗产学、材料科学等。为了有效地保护和管理文物，各个学科领域的专家需要进行跨学科的研究和合作，共同制定文物保护的政策、标准和规范，共同开展文物的保护、修复和管理工作。只有通过跨学科的研究和合作，才能够实现文物保护工作的专业化和科学化，确保文物得到全面、专业的保护和管理。

二、可移动文物保护的基本技术

可移动文物保护的基本技术是确保文物长期保存和传承的重要手段，主要包括文物的清洁保护、环境控制、物理保护、化学保护和数字化保护等方面。

(一)清洁保护

清洁保护是指对文物定期进行清洁，去除表面的尘埃和污物，以保持其外观的清洁和良好状态。文物的清洁保护不仅可以美化其外观，还可以延长其使用寿命，更好地传承文化遗产。在进行清洁保护时，首先需要根据文物的材质和状态选择合适的清洁方法和工具。对于一些较为坚硬的文物，可以采用干刷的方式，使用软毛刷轻轻刷去表面的尘埃和污物；对于一些较为脆弱的文物，可以采用湿拭的方式，使用湿布轻轻擦拭表面，注意避免过度用力造成损坏。此外，还可以使用蒸汽清洁的方法，通过蒸汽先软化污物，再用软毛刷轻轻刷去，以达到清洁的效果。

清洁保护的过程中需要注意以下几点：一是要保持文物的原始性，避免使用含有化学成分的清洁剂，以免对文物造成损害；二是要注意清洁的频率，不宜过于频繁，以免对文物表面造成磨损；三是要注意清洁的方法和力度，避免过度用力造成文物表面的损伤；四是要注意文物的存放和展示环境，保持环境的清洁和干燥，避免污染文物。

(二)环境控制

为了保护可移动文物，环境控制是至关重要的一环。环境控制指的是控制文物存放或展示环境的温度、湿度、光照等因素，以维持文物的稳定状态。在文物保护中，环境控制的关键在于保持恒定的温湿度和光照强度，避免这些因素的剧烈波动和对文物的直接损害。温度的变化会导致文物材料的膨胀和收缩，从而加速文物的老化和损坏。因此，保持环境温度的稳定对于文物的长期保存至关重要。

湿度的变化会导致文物材料的吸湿膨胀和干燥收缩，从而影响文物的稳定性和保存。因此，保持环境湿度的稳定同样是文物保护的重要措施。光照会使文物材料发生光化学反应，从而导致颜色变化、表面氧化和老化等问题。因此，合理控制环境光照，避免直射阳光和过强的人工光照，对文物的保护至关重要。

在环境控制方面，除了以上几点外，还应注意避免化学污染和生物侵害。化学污染会对文物材料造成损害，而生物侵害则会导致文物的腐蚀和破坏。因此，保持环境的清洁和卫生，避免化学和生物的侵害同样是文物保护的重要措施。

(三)物理保护

物理保护在文物保护中扮演着至关重要的角色。随着时间的推移和环境的变迁，文物可能会受到外力的破坏或损坏，因此采取物理手段进行保护显得尤为必要。物理保护的方法多种多样，其中包括但不限于支撑、固定、隔离和避震等措施，通过这些手段，可以有效地保护文物，确保其在展示或存放过程中不受损坏。文物往往因为年代久远或材质特性而存在着一定的脆弱性，通过适当的支撑可以有效地增强其结构稳定性，减少因自身重力或外力挤压而导致的损坏。支撑可以采用各种材料和结构，根据文物的特点和保护需求进行灵活选择和设计，以达到最佳的保护效果。

文物在展示或存放过程中往往需要固定在特定的位置或结构上，以防止其受到振动、碰撞或倾斜而造成的损坏。固定可以通过各种方式实现，如采用特制支架、固定夹具或黏合剂等，根据文物的形态和材质进行有针对性的设计和施工，确保其稳固可靠地固定在指定位置。文物有时需要与外界环境进行隔离，以防止外界因素对其产生不利影响。隔离可以采用各种方式，如采用密封包装、气密容器或特制展示柜等，可以有效地阻止湿气、灰尘、光线等有害因素对文物的侵害，保持其原始状态和品质。地震是文物面临的常见威胁之一，而采取避震措施可以有效地减少地震对文物造成的破坏。避震可以通过设置减震支架、增加缓冲材料或改善展示场地等方式实现，从而降低地震引起的冲击和振动对文物的影响，保护其免受地震灾害的侵害。

（四）化学保护

化学保护在文物保护中扮演着至关重要的角色。文物可能会受到化学变化或侵蚀，因此采取化学方法进行保护显得尤为必要。化学保护的方法多种多样，其中包括但不限于使用稳定性好的材料、涂料或添加剂对文物进行保护，防止其受到湿气、酸碱等化学物质的侵害。文物的材质各异，对于不同的材质，需要选择具有良好稳定性的材料进行保护。比如，对于金属文物，可以选择具有良好抗氧化性和耐蚀性的金属涂层进行保护，防止其受到氧气、水汽等的侵蚀；对于有机文物，可以选择具有良好抗老化性能的保护剂进行保护，防止其受到光线、湿气等的侵害。

涂料可以形成一层保护膜，防止文物受到湿气、酸碱等的侵害。选择合适的涂料对文物的保护起着至关重要的作用，需要考虑涂料的成分、性能和适用性等因素，以确保其能够有效地保护文物，同时又不会对文物本身造成损害。添加剂可以在一定程度上改变文物的化学环境，从而减少或阻止其受到化学变化或侵蚀。比如，可以在文物周围设置干燥剂，吸收周围环境中的湿气，防止文物受到潮湿的侵害；还可以在文物表面涂抹酸碱中和剂，中和文物表面的酸碱物质，防止其受到酸碱侵蚀。

（五）数字化保护

数字化保护在文物保护中扮演着越来越重要的角色。随着科技的发展和数字化技术的成熟，数字化保护已经成为文物保护的一种重要手段。数字化保护的方法包括数字化拍摄、三维扫描、虚拟展览等，通过这些手段可以对文物进行全方位的记录、保护和传承，实现文物信息的长期保存和传播。利用高清晰度的摄像设备对文物进行数字化拍摄，可以记录下文物的外观、结构和纹理等信息，实现对文物外观的真实再现。数字化拍摄可以帮助保护文物，减少其被频繁移动和展示所带来的损坏风险，同时也可以将文物的信息传播给更多的人群，促进文化遗产的传承和交流。

通过三维扫描技术，可以精确地获取文物的三维形态数据，包括形状、大小、细节等，实现对文物的全方位记录和保护。三维扫描可以帮助保护文物，减少其受到外界环境和人为因素的影响，同时也可以为文物的研究和展示提供更为丰富和直观的资料。利用虚拟现实技术，可以将文物以数字化形式展示出来，让观众可以通过电脑或手机等设备进行虚拟参观，实现对文物的远程观赏和学习。虚拟展览可以突破时间和空间的限制，让更多的人能够欣赏到珍贵的文物，促进文化遗产的传承和弘扬。

第二节　可移动文物保护的材料与工艺

一、可移动文物保护材料

可移动文物保护材料在文物保护中起着至关重要的作用，能够有效地保护文物不受环境和人为因素的损害。主要的保护材料包括包装材料、填充材料和支撑材料等，它们各自有不同的作用和特点。

（一）包装材料

1.防尘布/纸

防尘布/纸在可移动文物保护中扮演着至关重要的角色。文物往往具有一定的年代，表面容易积聚灰尘和杂物，而这些灰尘和杂物不仅会影响文物的外观和美观性，还可能对文物本身造成一定的损害。因此，使用防尘布/纸进行覆盖是保护文物的必要手段之一[①]。防尘布/纸具有较好的透气性和吸附性，可以有效地吸附空气中的灰尘和杂物，防止其沉积在文物表面。这样一来，文物表面就能够保持清洁，不仅有利于文物的展示和观赏，还能延长文物的使用寿命。

防尘布/纸能够有效地隔绝外界环境对文物的影响。文物往往需要长期存放或展示，而外界环境中的灰尘、空气污染物等对文物的侵害是不可忽视的。通过覆盖

---

① 曹帅.文物保护与利用的优化策略研究[J].文物鉴定与鉴赏，2024(2)：92-95.

防尘布/纸，可以有效地隔绝文物与外界环境，减少外界因素对文物的损害。防尘布/纸还具有一定的防水性能，可以在一定程度上防止文物受潮。使用防尘布/纸进行覆盖可以有效地防止这种情况的发生，保护文物的完整性和原始状态。

2. 气泡膜

气泡膜在文物保护中扮演着非常重要的角色。由于文物往往比较脆弱，容易受到外力的损坏，因此需要采取有效的措施来保护文物不受外力冲击。而气泡膜具有良好的缓冲性能，可以有效地减轻外力对文物的冲击，起到保护作用。气泡膜具有良好的吸收能力，可以吸收外界冲击力，减少其对文物的影响。气泡膜内部的气泡结构能够有效地缓冲外力，降低冲击的强度，保护文物不受到严重的损坏。

气泡膜具有良好的柔软性和韧性，可以根据文物的形状和大小进行包裹，使其完全贴合文物表面，形成有效的保护层。这种包裹方式能够使文物受到均匀的支撑和保护，避免了因局部受力过大而导致的损坏。气泡膜还具有较好的耐用性和重复利用性，可以多次使用而不会影响其缓冲性能。这一特点使得气泡膜成为文物保护中常用的材料之一，既能够有效地保护文物，又能够节约资源，具有较高的经济性和环保性。

3. PE袋

聚乙烯（PE）袋，因其透明、防潮等特性，被广泛用于包装各类物品，尤其适合包装一些小型文物。文物作为珍贵的文化遗产，需要被妥善保护，而PE袋正是一种能够有效保护文物的材料[1]。首先，PE袋具有良好的透明性，可以清晰地展示文物的外观特征，使人们能够直观地观察文物的细节。这对于文物的展示、研究和传播具有重要意义。其次，PE袋具有优异的防潮性，能够有效地防止文物受潮。潮气是文物保存过程中的一大威胁，会导致文物因受潮而发霉、变形等问题，而PE袋能够有效地隔绝潮气，保持文物的干燥。再次，PE袋还具有良好的韧性和耐磨性，能够有效地保护文物不受外部碰撞和摩擦的影响。这对于文物的长期保存尤为重要，可以有效延长文物的使用寿命。最后，PE袋还具有良好的密封性，能够有效地防止空气、灰尘等污染物进入袋内，保护文物免受污染。

4. 木质包装箱

木质包装箱是一种经典的包装材料，常被用于包装大型文物。其主要原料是木材，具有良好的支撑和保护作用，能够有效地保护文物不受外界环境的影响。木质包装箱具有良好的支撑性，能够为大型文物提供稳固的支撑。由于大型文物通常重量较大，需要一个坚固的支撑结构来保证其不变形、不损坏。木质包装箱由坚实的

---

[1] 冯翠霞，陈思奇，刘立东. 软土地区紧邻历史文物单位深基坑支护案例分析[J]. 山西建筑，2023，49(3)：91-93.

木材制成，具有较高的抗压强度和承载能力，能够有效地支撑文物的重量。

木质包装箱的木材通常经过防腐处理，具有一定的防潮性能，能够有效防止文物受潮发霉。同时，木质包装箱密封性较好，能够有效地阻隔空气、灰尘等污染物质进入箱内。木质包装箱还具有良好的抗震性能，能够在运输过程中有效减少外界震动对文物的影响。木质箱体结构坚固，能够有效地吸收和分散外部震动，保护文物不受损坏。这对于大型文物的长途运输尤为重要，能够确保文物安全到达目的地。

(二) 填充材料

1. 硅胶

硅胶是一种常用的吸湿剂，具有吸湿、除湿的作用，可用于控制文物周围的湿度。湿度是一个非常重要的因素，过高或过低的湿度都会对文物造成损害。而硅胶能够有效地控制文物周围的湿度，保护文物不受湿度影响。硅胶具有良好的吸湿性能，能够吸收周围空气中的湿气，降低文物周围的湿度。这对于一些对湿度敏感的文物，如纸质文物、皮革文物等非常重要，可以有效地防止文物受潮发霉、变形等问题。

硅胶还具有良好的除湿性能，能够释放吸收的水分，保持文物周围的湿度在适宜范围内。这对于一些容易受潮的文物，如金属文物、陶瓷文物等同样重要，可以有效防止文物因湿度过低而干裂、氧化等问题。硅胶还具有安全、环保的特性，不会对文物造成任何损害。硅胶本身是一种无毒、无味的无机物，对人体和环境无害，可以放心使用。同时，硅胶还具有一定的耐用性，一般情况下可以持续使用较长时间，经济实用。

2. 泡沫

泡沫是一种常用的包装材料，常用于填充包装箱，具有缓冲和保护作用。在文物包装中，泡沫起着重要的作用，能够有效保护文物不受外部碰撞和挤压的影响。泡沫具有良好的缓冲性能，能够有效吸收外部冲击力，减轻文物受力。在文物运输和存放过程中，往往会受到各种冲击和震动，而泡沫填充可以起到缓冲作用，减少这些冲击对文物的影响。

泡沫具有良好的保护性能，能够有效保护文物表面不受划伤和磨损。泡沫填充可以填补包装箱和文物之间的空隙，避免文物在运输和存放过程中相互摩擦，保持文物表面的完好性。泡沫还具有轻便、柔软的特点，便于包装和搬运。相比于其他填充材料，如纸张、塑料等，泡沫更轻便，不会增加包装箱的重量，同时柔软性好，可以根据文物的形状和大小进行灵活填充，保证文物包装的紧密性。

3. 纸板

纸板是一种常用的包装材料，可以用来制作支撑结构或填充空隙，保持文物的稳定性。纸板具有良好的支撑性能，能够制作成各种形状的支撑结构，为文物提供稳定的支撑。一些大型或重型文物需要一个坚固的支撑结构来保持其稳定性，纸板可以根据文物的形状和大小制作相应的支撑结构，确保文物在运输和存放过程中不受变形或损坏。

纸板还可以用来填充包装箱中的空隙，防止文物在运输过程中发生碰撞或挤压。在包装箱中填充纸板可以有效减少文物之间的空隙，保持文物之间的间隔，避免文物相互摩擦或受到外部压力。纸板具有环保、易获取的特点，对环境和人体无害。纸板是一种天然的材料，可以回收再利用，可以减少对环境的影响。同时，纸板的制作成本相对较低，容易获取，可以广泛应用于文物包装中。

(三) 支撑材料

1. 泡沫塑料

泡沫塑料是一种常用的包装材料，可以根据文物的形状和大小制作成适当形状的支撑物，支撑文物的重要部位，减少变形和破损的风险。泡沫塑料具有良好的柔软性和可塑性，可以根据文物的形状和大小制作成各种形状的支撑物。对于一些形状复杂、脆弱的文物，如陶瓷器、玻璃器等，泡沫塑料可以根据其形状制作成适当形状的支撑物，精准支撑文物的重要部位，减少文物受力，降低破损的风险。泡沫塑料还具有轻便、耐用的特点。相较于其他材料，如木板、金属等，泡沫塑料更轻便，同时具有较好的耐用性，可以多次使用。

2. 木质支架

木质支架是一种常用的支撑结构，用于支撑大型文物，从而保持其稳定性和整体结构。在文物保护和展示中，木质支架扮演着重要的角色，能够有效地保护文物不受外界环境和力量的影响。木质支架具有良好的承重性能，能够承受大型文物的重量，保持其稳定性。大型文物往往重量较大，需要一个坚固的支撑结构来支撑其重量，而木质支架由坚实的木材制成，具有较高的承载能力，能够有效地支撑大型文物的重量。

木质支架具有良好的稳定性，能够保持文物在展示或存放过程中的稳定状态。文物的稳定性对于其保存非常重要，而木质支架可以根据文物的形状和重量制作成适当形状的支撑结构，确保文物保持稳定的展示或存放状态。木质支架还具有环保、易加工的特点。木质支架的制作过程中不需要使用化学物质，不会产生有害气体，对环境友好。同时，木质支架的加工比较简单，可以根据需要进行定制，适用于各种形状和大小的文物。

二、可移动文物保护工艺

可移动文物保护工艺是指对各种类型的可移动文物（如艺术品、历史文物、实物模型等）进行保护、修复和保存的工艺方法和技术。这些文物可能因为年代久远、材质脆弱、表面附着物多等原因而需要特殊的保护处理，以确保其在展览、储藏、运输等过程中不受损坏。以下是可移动文物保护工艺的几个关键方面：

(一) 文物保护环境控制

文物保护环境控制是文物保护工作中至关重要的一环。它涉及对文物周围环境中的温度、湿度、光照等因素进行监测和调控，以确保文物不受环境变化的影响而受损。温度的变化会直接影响到文物的稳定性和保存状态。一般来说，文物的存放温度应控制在适宜的范围内，避免出现过高或过低的情况。过高的温度会导致文物材质老化加剧，过低的温度则容易造成文物表面的开裂和脆化。

湿度的控制直接影响到文物的防潮防霉能力。过高的湿度会导致文物受潮发霉，过低的湿度则容易导致文物干燥开裂。因此，保持适宜的湿度对于文物的保护至关重要。过强的光照会导致文物颜色褪色，表面质地变化，甚至会引起文物表面的褪色和变形。因此，需要合理控制文物的光照强度和时间，避免文物受到光照的损害。

(二) 文物清洁

文物是历史的见证，承载着珍贵的文化遗产和人类智慧的结晶。为了保护这些宝贵的文物，定期对其进行清洁是至关重要的。文物的清洁工作需要温和细致，不能使用对文物造成损害的清洁剂或方法。清洁文物的第一步是认真观察其表面的污垢和附着物。不同的文物可能受到不同类型的污染，因此需要根据具体情况选择清洁方法。一般情况下，可以使用软毛刷轻轻刷去表面的尘土，或者使用吹风机将尘土吹去。对于较为顽固的污垢，可以考虑使用一些专门的文物清洁剂，但一定要慎重选择，并在不影响文物表面的前提下进行清洁。

文物清洁的过程中要注意保护文物表面。选择合适的清洁工具和方法至关重要，避免使用可能会刮伤或损坏文物表面的工具。在清洁过程中，要轻轻地、均匀地施加力量，避免着力点集中在文物的某一部分，以免造成局部损伤。对于一些特殊材质或特殊结构的文物，清洁工作可能会更加复杂。例如，对于木质文物，要避免使用含有酒精或酸性物质的清洁剂，以免损害木质表面。还要注意避免氧化剂的使用，以免对金属表面产生不可逆的影响。

(三) 文物修复

文物修复是文物保护的重要环节，通过修复可以使受损的文物重新展现其历史面貌，延续其历史文化价值。文物修复需要遵循一定的原则和方法，确保修复结果既可以修复文物的损坏部分，又可以尽可能地保持文物的原始特征。在进行文物修复之前，需要对文物进行详细的调查和分析，了解其受损程度和材质特性。根据文物的具体情况，确定修复的方案和方法。对于不同材质的文物，修复的方法也有所不同。例如，对于陶瓷文物，可以使用胶黏剂填补缺损部分，并进行色彩修复，使修复后的部分与原物融为一体。

在进行文物修复时，需要选择合适的修复材料和工具。修复材料应该与文物材质相适应，具有良好的黏合性和稳定性。修复工具要细致、精密，能够对文物进行精细的修复工作。在修复过程中，要注意保持修复部位与周围环境的协调，避免修复后的部分与原物产生矛盾。需要遵循原则和规范，保证修复结果符合文物保护的要求。修复的过程应该记录详细，包括修复前的状况、修复过程中采用的方法和材料，以及修复后的效果。修复完成后，还需要对修复效果进行评估，确保修复结果符合预期要求。

(四) 文物包装

合适的包装可以有效保护文物不受损坏，在运输、储藏和展示过程中保持其原始状态和价值。选择适当的包装材料和方法是文物包装工作的关键，需要考虑文物的特性和保护需求。在选择包装材料时，需要考虑文物的材质、尺寸和重量等因素。对于易碎的文物，如陶瓷、玻璃等，应选择具有良好缓冲和防震功能的包装材料，如泡沫塑料、软布等。对于重量较大的文物，如石雕、青铜器等，应选择承重能力强的包装材料，如木箱、钢架等。

在包装过程中，需要注意包装材料的使用方法和包装技术。包装材料应该完全包裹文物，并采取固定措施，避免文物在包装过程中发生移动和碰撞。对于特殊形状或结构的文物，应采用定制包装方案，确保包装效果和安全性。需要考虑文物的保存环境和运输条件。包装材料应具有防潮、防尘等功能，能够在各种环境条件下保护文物不受损坏。在运输过程中，应选择合适的运输工具和方法，确保文物在运输过程中稳固安全。

(五) 文物防盗防损

文物是珍贵的文化遗产，需要得到妥善的保护，防止其被盗或受到损坏。为了保护文物的安全，需要采取一系列措施，包括安装监控设备、加强安保措施等。通过安装监控摄像头、红外线探测器等设备，可以实时监控文物的情况，及时发现异常情况并采取措施。此外，还可以利用智能安防系统，实现对文物安全的全面监控和管理。

建立健全的安保制度和规范，加强安保人员的培训和管理，提高安保人员的素质和技能，确保他们能够有效地保护文物的安全。同时，加强对文物存放地点的安全管理，确保文物存放环境的安全和稳定。加强与社会各界的合作也是保护文物安全的重要途径。与公安部门、文物部门等合作，建立文物安全信息共享机制，及时了解文物安全情况，共同制定防盗防损方案，加强对文物的保护工作。

(六) 文物记录和档案管理

文物记录和档案管理是保护和传承文化遗产的重要环节。建立文物档案是对文物进行全面记录和信息化管理的必然要求。文物档案是对文物实物信息、历史沿革、保存修复、研究成果等内容进行系统整理和归档的记录，是文物保护的基础和依据，具有重要的历史价值和文化意义。

文物档案的建立应该遵循一定的原则和规范。要依据文物的性质、特点和保存状态，科学合理地确定文物档案的分类和编制标准。要完善文物档案的信息内容，包括文物名称、编号、类别、形制、材质、年代、来源、发现地点、发现时间、历史沿革、保存修复情况等。要注重文物档案的保密性和安全性，确保文物档案的真实性、完整性和可信度。要建立健全的文物档案管理制度和流程，确保文物档案的及时更新和有效利用。

文物档案的建立有助于促进文物的保护和传承。通过对文物的全面记录和信息化管理，可以更好地了解和研究文物的历史和文化价值，为文物的修复、展览、研究和传播提供重要依据。同时，文物档案也是对文物保护工作的监督和评估的重要依据，有助于提高文物保护工作的科学性和规范性，推动文物保护事业的发展和进步。

(七) 文物保养

文物保养是保护文物不可或缺的一环，它旨在延长文物的寿命，保持其原有的历史风貌和文化价值。定期检查文物的状况，进行必要的保养和维护，是文物保养工作的基本内容。

文物保养工作应该遵循科学的原则和方法，确保文物得到有效的保护和管理。文物保养工作的第一步是定期检查文物的状况。通过定期检查，可以及时发现文物的问题和隐患，从而采取必要的保养和修复措施，防止文物的进一步损坏。定期检查的频率应该根据文物的材质、保存环境和使用状况等因素来确定，一般应该至少每年进行一次。

文物保养工作的第二步是进行必要的保养和维护。保养工作包括清洁、防护、修复等内容。清洁是指去除文物表面的污物和杂质，保持文物的清洁和整洁。防护是指采取有效的措施，防止文物受到外界环境的侵害，如控制光照、温度、湿度等因素。修复是指对文物进行必要的修复和加固，以保持其完整性和稳定性。

文物保养工作的第三步是定期评估文物的保养效果。通过定期评估，可以了解文物的保养情况和效果，及时调整和改进保养工作的方法和措施，提高文物保养工作的效果和水平。

第三节 文物保护的现代技术应用

一、数字化技术在文物保护中的应用

（一）数字化记录

数字化记录是将文物转化为数字化的形式，包括形态和结构的记录，是文物保护和研究的重要手段。利用三维扫描技术等手段对文物进行数字化记录，可以实现对文物的高精度、全方位记录，为文物的修复和研究提供参考。数字化记录可以将文物的外形、细节和纹饰等内容以数字化的形式记录下来，实现对文物形态的高精度还原。这种记录方式比传统的平面记录更加真实和直观，有助于保留文物的原貌和特征。

数字化记录可以实现对文物结构的详细记录。可以将文物的内部结构、构造方式等内容以数字化的形式记录下来，实现对文物结构的全方位记录。这种记录方式可以帮助研究人员深入了解文物的制作工艺和历史特征，为文物的修复和保护提供重要参考依据。通过数字化记录，可以实现对文物的多角度观察和比较分析，为文物的修复和保护提供科学依据。同时，数字化记录也可以为文物的研究和展示提供便利，使更多的人可以深入了解和欣赏文物。

（二）虚拟展示

虚拟展示是一种利用虚拟现实技术将文物展示在虚拟空间中的方式，使观众更直观地了解文物的历史和价值，同时也能减少文物被频繁展示带来的风险。虚拟展示为文物的传播和保护带来了全新的可能性，是文物保护和研究的重要手段之一[①]。

---

① 俞伟.软土地区基坑施工对邻近保护建筑的变形影响分析[J].福建建设科技，2023（1）：71-74.

虚拟展示可以提供更加真实和沉浸式的观展体验。通过虚拟现实技术，观众可以身临其境地进入文物的展示空间，与文物互动，感受其历史和文化内涵。这种展示方式比传统的展览更加生动和直观，可以吸引更多的观众参与，提升观展体验。

虚拟展示可以实现对文物的全方位展示和保护。通过虚拟展示，可以对文物进行全方位、多角度的展示，展示文物的外观、结构和细节等内容，为观众提供全面了解文物的机会。同时，虚拟展示也可以减少文物被频繁展示带来的风险，延长文物的寿命。虚拟展示可以促进文物的传播和交流，将文物展示在全球范围内，使更多的人可以了解和欣赏到文物的价值和魅力。这种展示方式可以打破地域和时间的限制，促进文物的传播和交流，推动文化的多样性和共享。

（三）数字化档案管理

数字化档案管理是利用数字化技术建立文物档案，实现文物信息的集中管理和快速检索的过程。通过数字化档案管理，可以提高文物档案管理的效率和质量，为文物的保护和研究提供重要支持。数字化档案管理可以实现文物信息的集中管理。传统的文物档案管理方式效率较低，而数字化档案管理将文物信息以数字化的形式存储在计算机系统中，实现对文物信息的集中管理。这种方式不仅节省了空间和人力资源，还可以提高文物信息的整理和管理效率。

传统的文物档案管理方式需要手动检索档案。可以通过计算机系统快速检索文物信息，根据需要快速获取所需信息。这种方式不仅提高了检索效率，还可以避免信息检索的错误和遗漏。数字化档案管理可以提高文物档案管理的效率和质量，实现对文物信息的高效管理和保护，避免文物信息的丢失和损坏。同时，数字化档案管理还可以提高文物档案管理的规范性和科学性，为文物的保护和研究提供更加可靠的支持。

二、材料科学技术在文物保护中的应用

（一）材料分析

通过先进的材料分析技术对文物进行分析，可以深入了解文物材料的成分和结构，为文物的保护和修复提供科学依据。材料分析是文物保护和研究中的重要手段，可以帮助研究人员了解文物的制作工艺、历史特征和保存状况，为文物的保护和修复提供重要支持。材料分析可以帮助确定文物的材料成分。通过分析文物材料的成分，可以了解文物所使用的原材料和制作工艺，为文物的保护和修复提供重要依据。例如，对于古代陶器，可以通过材料分析确定其所使用的陶土成分，进而了解其制

作工艺和时代特征。

通过材料分析，可以了解文物的结构特征、物理性质和化学性质。例如，对于古代绘画，可以通过材料分析了解绘画的颜料成分和技术特点，为修复工作提供指导。材料分析可以了解文物所处环境对其造成的影响，评估文物的保存状况，为文物的保护提供科学依据。例如，通过分析文物表面的腐蚀产物，可以了解文物所处环境的酸碱度和湿度等因素，进而采取相应的保护措施。

(二) 材料保护

为了保护文物不受环境侵害，延长文物的寿命，可以采取一系列的材料保护措施。其中包括表面处理和防护涂料等方式，这些措施可以有效地保护文物，延长其寿命。表面处理是保护文物的一种重要方式。通过对文物表面进行处理，可以有效地防止文物受到环境侵害。例如，可以采用防锈处理，防止金属氧化；对于石质文物，可以采用防腐蚀处理，防止石质文物受到化学侵蚀；对于纸质文物，可以采用防水处理，防止纸质文物受到潮湿侵害。

通过涂覆防护涂料，可以形成一层保护膜，有效地隔绝文物与外界环境的接触，防止文物受到环境侵害。防护涂料可以根据文物的不同材质和使用环境选择。材料保护还包括对文物存放环境的控制。文物存放环境的湿度、温度、光照等因素都会影响文物的保存状况，因此需要对存放环境进行科学的控制。通过控制存放环境，可以减少文物受到环境侵害的可能性。

三、智能化技术在文物保护中的应用

(一) 智能监测

智能监测是利用传感器等智能设备对文物的环境参数进行监测的过程。通过智能监测，可以及时发现文物受到的危害，进而采取相应的保护措施，保护文物不受损害。智能监测是文物保护工作中的重要环节，可以提高文物保护工作的效率和质量。智能监测可以实时监测文物的环境参数。通过安装传感器等智能设备，可以实时监测文物所处环境的温度、湿度、光照等参数，及时掌握环境变化情况，为文物的保护提供及时的数据支持。这种方式可以避免人为监测的不及时性和不准确性，提高监测的精度和有效性。

智能监测可以及时发现文物受到的危害。可以及时发现文物受到的湿度过高、温度过低、光照过强等危害，进而及时采取相应的保护措施，防止文物受到进一步损害。这种方式可以有效地保护文物。智能监测可以为文物的保护提供科学依据。

通过智能监测所得到的环境参数数据，可以为文物的保护提供科学依据。例如，可以根据监测数据调整文物的存放位置和环境控制参数，保护文物不受环境侵害。

(二) 智能修复

智能修复是利用机器人等智能设备进行文物修复的过程。通过智能修复，可以提高修复效率和质量，减少人为损坏的风险，保护文物免受二次损害，是文物修复工作中的重要手段。智能修复可以提高修复效率。传统的文物修复往往需要耗费大量的人力和时间，修复效率较低。而通过智能修复，可以利用机器人等智能设备进行修复，实现对文物的自动化修复，大大提高修复效率。这种方式不仅可以节省人力资源，还可以缩短修复周期，提高修复效果。

机器人等智能设备具有精准、稳定的特点，可以实现对文物的精细修复，提高修复质量，避免人为修复中的误操作和失误，保证修复效果的准确性和稳定性。智能修复可以减少人为损坏的风险。传统的文物修复工作需要人员长时间操作文物，存在人为损坏的风险。智能修复可以减少人员接触文物的时间和频次，降低人为损坏的可能性。这种方式可以保护文物不受人为损害，提高修复工作的安全性和稳定性。

四、网络技术在文物保护中的应用

(一) 信息共享

信息共享是利用互联网等网络平台实现文物保护相关信息的共享和交流的重要方式。通过信息共享，可以促进文物保护工作的开展，提高文物保护工作的效率和质量，推动文物保护事业的发展。信息共享可以促进文物保护相关信息的传播。通过互联网等网络平台，可以将文物保护相关信息传播到全球范围内，使更多的人了解文物保护工作的重要性和紧迫性，提高社会各界对文物保护工作的关注和支持。这种方式可以促进文物保护理念的传播和交流。可以方便快捷地进行文物保护相关信息的交流和分享，促进文物保护工作者之间的沟通和合作。这种方式可以加强文物保护工作者之间的联系和合作，推动文物保护工作的协调和推进。信息共享可以提高文物保护工作的效率和质量。可以实现文物保护相关信息的快速传输和共享，提高文物保护工作的响应速度和处理效率。这种方式可以使文物保护工作更加科学和规范，从而提高文物保护工作的质量和水平。

(二) 远程监控

借助网络技术，可以实现对文物保护现场的远程监控，从而及时发现问题并进行处理。远程监控是文物保护工作中的一项重要技术手段，可以提高文物保护工作的效率和质量。远程监控可以实现对文物保护现场的实时监测。通过网络技术，可以将文物保护现场的监测数据传输到远程控制中心，实现对文物保护现场的实时监测。这种方式可以及时发现文物保护现场的问题，如温度过高、湿度过大等，为采取相应的保护措施提供及时的数据支持。可以远程控制文物保护现场的设备，如空调、加湿器等，实现对文物保护环境的远程调节。通过远程监控，可以实现对文物保护现场的全天候监控，提高监控的全面性和准确性。

第三章 可移动文物的保护管理与机构

第一节 文物保护管理体制与机构设置

一、可移动文物保护管理体制

(一) 建立可移动文物保护管理机构

建立专门的可移动文物保护管理机构是非常重要的。这样的机构可以负责制定相关政策和规定，统筹协调全国范围内的可移动文物保护工作。机构需要具备专业的文物保护人员和管理团队，制定并完善相关的管理制度和标准，加强对可移动文物的保护和管理。建立这样的机构可以提高对可移动文物保护工作的专业化水平。机构可以拥有一支专业的文物保护团队，他们具备丰富的文物保护经验和专业知识，可以制定科学的保护措施和管理方案。

建立这样的机构可以加强对可移动文物的保护和管理。机构可以制定相关的政策和规定，规范文物保护的行为和责任，加强对可移动文物的监督和管理，确保文物得到有效的保护和管理①。建立这样的机构可以促进文物保护工作的协调和合作。机构可以与各地文物保护部门和机构进行合作，共同推动文物保护工作的开展，实现资源共享和优势互补，提高文物保护工作的整体效益。

(二) 建立可移动文物保护法律法规

建立可移动文物保护法律法规是保护我国丰富文化遗产、传承历史文化的必然要求。随着社会经济的发展和文化产业的兴起，保护可移动文物已经成为一项迫切而重要的任务。为此，我们应当加强相关法律法规的建立和完善，明确可移动文物保护的范围、原则和措施，以加强对可移动文物的保护和管理，推动可移动文物事业的发展。建立完善的可移动文物保护法律法规应明确可移动文物的保护范围。这包括对哪些类型的可移动文物进行保护，如历史文书、绘画、书法、雕塑等，以及对这些可移动文物的保护标准和程序。同时，要根据可移动文物的不同特点和价值，

---

① 李丹. 文物保护与旅游开发的可持续发展探讨 [J]. 漫旅，2022(3)：93-95.

制定相应的保护措施，保障可移动文物的完整性和安全性。

建立完善的可移动文物保护法律法规应明确可移动文物保护的基本原则。这包括保护优先原则、可移动文物保护与利用相结合原则、公益性原则、保护与开放相结合原则等。这些原则旨在确保可移动文物的保护工作符合国家和社会的利益，同时促进可移动文物事业的可持续发展。建立完善的可移动文物保护法律法规应规范可移动文物保护的行为和责任。这包括对可移动文物保护单位和个人的行为进行规范，明确其保护可移动文物的义务和责任，规范其保护可移动文物的行为。同时，要建立健全的可移动文物保护管理制度，加强对可移动文物保护工作的监督和管理，确保可移动文物保护工作的有效实施。

（三）建立可移动文物保护档案

确立并完善可移动文物保护档案是保护和管理可移动文物的重要举措。可移动文物保护档案是对可移动文物信息和历史进行记录、整理、保存和利用的重要载体，是加强可移动文物保护工作、提高管理水平的有效手段。建立可移动文物保护档案可以促进可移动文物保护工作的科学化、规范化和制度化，有利于更好地保护和管理我国丰富的文化遗产，传承和弘扬中华优秀传统文化。

要建立可移动文物保护档案的基本框架和内容。基本框架包括可移动文物保护档案的分类、编制、管理和利用等方面的规定，内容包括可移动文物的基本信息、来源、流转、修复、保管等情况，以及可移动文物保护过程中的相关文件、照片、视频等资料。要建立可移动文物保护档案的管理制度。这包括建立可移动文物保护档案的编制、整理、保存和利用的工作流程，制定相关的管理规定和操作规程，明确工作职责和权限。要建立可移动文物保护档案的保存和利用机制。这包括确定可移动文物保护档案的保存期限和保存方式，建立可移动文物保护档案的利用机制，促进可移动文物保护档案的合理利用，提高其保护和管理的效果。

建立可移动文物保护档案对于加强可移动文物保护工作、提高管理水平、传承和弘扬中华优秀传统文化具有重要意义。我们应当重视可移动文物保护档案的建立工作，加强对可移动文物保护档案的管理和利用，不断完善可移动文物保护档案的制度和机制，为我国丰富的文化遗产的保护和传承做出积极贡献。

（四）加强可移动文物保护宣传教育

可移动文物是一个国家、一个民族的历史和文化的重要载体，对于弘扬民族精神、促进社会文明进步、增强国家凝聚力和文化软实力具有重要意义。为了加强对可移动文物保护的宣传教育，增强全社会对可移动文物保护的责任感和使命感，形成全社会共同参与可移动文物保护的良好氛围。加强可移动文物保护宣传教育的内容丰富多样。可以通过展览、讲座、培训、网络等多种形式，向公众介绍可移动文物保护的重要性和必要性，让更多的人了解可移动文物保护的基本知识和技能，增强公众的可移动文物保护意识。

加强可移动文物保护宣传教育的渠道和方式创新。可以利用现代科技手段，如互联网、移动通信等，开展多样化、立体化的可移动文物保护宣传教育活动，使更多的人能够了解和参与到可移动文物保护中来。加强可移动文物保护宣传教育的组织和管理。要建立健全可移动文物保护宣传教育工作的组织和管理机制，制定相关政策和措施，加强对可移动文物保护宣传教育工作的统筹和指导，确保宣传教育工作的顺利开展。加强可移动文物保护宣传教育的合作和交流。要加强与相关部门和机构的合作，共同开展可移动文物保护宣传教育活动，促进可移动文物保护宣传教育工作的深入开展。

（五）加强可移动文物保护技术研究

加强对可移动文物保护技术的研究，是保护和传承我国珍贵文化遗产的重要举措。随着科技的不断进步和可移动文物保护意识的提高，传统的可移动文物保护技术已经不能满足现代社会对可移动文物保护的需求，因此，我们需要加强对可移动文物保护技术的研究，推动可移动文物保护技术的创新和发展，提高可移动文物保护的科技含量和水平，为保护和传承我国珍贵的文化遗产做出更大的贡献。

要加强对可移动文物保护技术的前沿研究。这包括对可移动文物保护材料、保护工艺、保护装备等方面的研究，探索新的可移动文物保护方法和技术手段，提高可移动文物保护的效果和效率。要加强对可移动文物保护技术的应用研究。这包括对可移动文物保护实践中遇到的问题和挑战进行研究，提出解决方案和技术方案，促进可移动文物保护技术的应用和推广。要加强对可移动文物保护技术的传承与创新。这包括对传统可移动文物保护技术的继承和发扬，同时也要鼓励和支持新技术的创新和应用，推动可移动文物保护技术不断向前发展。要加强对可移动文物保护技术人才的培养。这包括培养具有可移动文物保护技术研究和实践能力的专业人才，提高他们的专业水平和综合素质，为可移动文物保护技术的发展和应用提供人才保障。

二、可移动文物保护机构设置

可移动文物保护机构的设置对于文物保护工作的开展至关重要。通过建立健全的机构设置，可以更好地组织和管理文物保护工作，促进文物保护事业的发展。具体来说，可移动文物保护机构的设置应包括以下几个方面的内容。

(一) 建立国家级文物保护机构

在国家层面上建立专门的文物保护机构，是加强文物保护工作的关键举措。这一机构应当具备较高的权威性和专业性，能够有效制定和实施文物保护政策、法规，统筹协调全国范围内的文物保护工作。这样的机构将成为国家在文物保护领域的核心力量，为保护和传承中华优秀传统文化、维护国家文化主权和文化安全发挥重要作用。

文物保护机构在国际上也具有重要地位，可以代表国家参与国际间的文物保护事务。通过与国际组织和其他国家的合作交流，推动我国文物保护事业的发展，提升国际影响力和声誉。同时，国家级文物保护机构还应当加强与地方文物保护部门的沟通与合作，形成合力，共同推进文物保护工作。

在建立国家级文物保护机构的过程中，还需注重其组织结构和运行机制的科学性和灵活性。机构应当设立专门的部门负责文物保护政策的制定和实施，设立专门的部门负责文物保护工作的监督和评估，确保文物保护工作的科学性和有效性。同时，机构还应当建立健全的信息系统和数据库，为文物保护工作提供科学的数据支持。

(二) 设立地方文物保护机构

在各省、自治区、直辖市设立地方文物保护机构是加强文物保护工作的必然要求。这些地方文物保护机构应当根据本地区的实际情况，负责组织和实施文物保护工作，加强对本地区文物资源的管理和保护。同时，地方文物保护机构还应当积极配合国家级文物保护机构的工作，共同推动文物保护事业的发展。地方文物保护机构在本地区的文物保护工作中发挥着不可替代的作用。地方文物保护机构应当深入挖掘和研究本地区的文物资源，全面了解本地区文物的类型、数量、分布等情况，为文物保护工作提供科学依据。地方文物保护机构应当加强对本地区文物遗产的保护和管理，采取有效措施，确保文物资源得到有效保护和合理利用。

地方文物保护机构还应当积极开展文物保护宣传教育工作，提高公众对文物保护的重视程度，营造良好的社会氛围，共同参与到文物保护工作中来。此外，地方文物保护机构还应当积极开展国际交流与合作，借鉴国际先进经验，推动我国文物保护事业的不断发展。在设立地方文物保护机构的过程中，需要注重其组织结构和职能设置的科学性和合理性。地方文物保护机构应当建立健全的组织机构，明确各部门的职责和任务，确保文物保护工作的有序开展。同时，地方文物保护机构还应当加强人才队伍建设，培养一支高素质的文物保护人才队伍，为文物保护工作的深入开展提供人力支持。

(三）建立专门的文物保护研究机构

建立专门的文物保护研究机构是推动文物保护技术的研究和应用的重要举措。这些研究机构应当致力于文物保护技术的创新和发展，以提高文物保护的科技含量和水平。通过开展文物保护技术研究，可以为文物保护工作提供科学依据和技术支持，推动文物保护事业的不断发展。文物保护研究机构在文物保护技术方面的研究领域非常广泛。研究机构可以针对不同类型的文物，开展文物材料的性质和特点研究，深入了解文物的组成结构和物理化学性质。研究机构还可以开展文物保护技术的研究和应用，探索新的文物保护技术和方法。

在建立文物保护研究机构的过程中，需要注重其研究方向和研究内容的科学性和前瞻性。研究机构应当确定明确的研究方向，围绕文物保护技术的创新和发展，开展系统的研究工作，形成一批具有国际水平的研究成果。同时，研究机构还应当加强与国内外相关领域的合作交流，推动我国文物保护技术的不断进步。除了开展文物保护技术的研究工作，文物保护研究机构还应当积极开展文物保护知识的普及和宣传工作。通过举办学术讲座、展览展示等活动，提高公众对文物保护的认识和重视，形成全社会共同关注和参与文物保护工作的良好氛围。

(四）设立文物保护培训机构

设立文物保护培训机构是加强文物保护人才队伍建设的重要举措。这些培训机构应当提供系统的文物保护培训课程，包括文物保护的理论知识和实践技能培训，培养具有文物保护专业知识和实践能力的专业人才。通过开展文物保护培训，可以提高文物保护人才队伍的整体素质和水平，为文物保护工作提供人才支持。

文物保护培训机构在培训内容和培训方式上应当注重实效性和针对性。首先，培训机构应当根据不同人员的需求和特点，设计并提供不同层次、不同类型的文物保护培训课程，确保培训内容与实际工作需求相结合，培养出符合市场需求的高素质文物保护专业人才。其次，培训机构还应当注重培训方式的多样化和灵活性，采用线上线下相结合的方式，提供全方位、多层次的文物保护培训服务，满足不同人员的学习需求。

在设立文物保护培训机构的过程中，需要注重其教学团队和教学资源的建设。培训机构应当聘请具有丰富文物保护实践经验和教学经验的专业人才担任教师，确保教学质量和效果。同时，培训机构还应当建立健全的教学资源库，包括文物保护实验室、文物保护实物展示等，为学员提供良好的学习环境和条件。除了提供文物保护培训课程外，文物保护培训机构还应当积极开展文物保护知识的普及和宣传工作，促进全社会的共同参与，共同保护和传承我国丰富的文物资源。

(五)成立文物保护协会

成立文物保护协会是推动文物保护事业发展的重要举措。这些协会可以成为文物保护领域内交流与合作的平台，促进文物保护理论和实践的交流与发展，推动文物保护事业的健康发展。文物保护协会可以组织各种形式的学术活动，如学术讲座、研讨会、学术会议等，为文物保护领域的专家学者和从业人员提供交流与学习的机会，促进文物保护理论的深入研究和实践经验的分享。通过这些学术活动，可以不断提升文物保护人员的专业水平和技术能力。

文物保护协会还可以开展文化交流与合作，加强与国内外相关机构和组织的联系与合作，促进文物保护技术和经验的交流与共享。可以借鉴国际先进经验，推动我国文物保护事业的不断进步，提升我国在国际文物保护领域的地位和声誉。在成立文物保护协会的过程中，需要注重其组织结构和运行机制的建设。协会应当建立健全的组织架构，确保协会的工作能够顺利开展。同时，协会还应当加强会员管理，吸引更多的文物保护专业人员加入。

第二节 文物保护管理的制度与规范

一、立法保障

确保可移动文物的保护，首要之义在于建立明确的法律法规体系，从而确保其合法权益得到保障。相关法律应该对可移动文物进行定义，明确定义范围，以及对其分类、保护原则、管理机构以及违法处罚等内容进行规定。这一系列的法律措施旨在营造一个有利于可移动文物保护的法治环境，从而确保这些宝贵的文化遗产能够得到妥善的保护和传承。在立法保障方面，首先应明确界定可移动文物的概念与范围。可移动文物通常指的是那些可以被搬动、转移或者迁移的文物，包括但不限于书籍、绘画、雕塑、器物等。明确范围有助于对可移动文物进行更加精准的保护和管理，避免了对其他非文物财产的错误干预。

在法律法规的制定过程中，对可移动文物的分类也至关重要。文物的分类有助于对不同类型文物采取针对性的保护措施，因为不同类型的文物可能面临的保护问题和挑战各不相同。例如，对于书籍等纸质文物，其保护可能需要特别注意防火、防潮等措施；而对于雕塑等三维艺术品，则需要考虑到其材质、结构等因素。法律法规还应明确可移动文物的保护原则。这些原则包括但不限于保护优先原则、公共利益优先原则、文物完整性原则等。保护优先原则指的是在任何情况下，文物的保护都应置于首位，即使需要对其他利益做出一定的牺牲时。而公共利益优先原则则强调在文物保护与公共利益之间有冲突时，应该优先考虑公共利益的实现。至于文物完整性原则，则要求在文物保护和利用过程中，尽可能保持文物的原始状态和完整性，避免对其造成不可逆的损害。

在法律法规的制定过程中，明确相关的管理机构也是至关重要的。这些管理机构可以是国家级、地方级的文物保护部门或者专门的文物保护组织。这些机构应该具备专业性和权威性，负责制定并执行相关的文物保护政策和措施，监督和管理可移动文物的保护工作。在法律法规的制定过程中，应当明确对违法行为的处罚措施。这些处罚措施旨在对那些侵犯可移动文物合法权益的行为进行制约和惩罚，起到震慑作用，从而维护文物保护的秩序和权威。常见的违法行为包括盗窃、走私、非法买卖、损毁等，针对这些行为，应当给予相应的行政处罚或者刑事处罚，以起到警示和遏制的作用。

二、文物登记与监管

通过建立登记制度并实施有效的监管机制，可以有效地管理可移动文物的流动和流通，防止非法活动的发生，保障文物的安全和完整性。这一过程需要综合考虑各种文物所有者的情况，包括私人、博物馆、拍卖行等，以确保全面覆盖并有效管理文物资源。对于私人拥有的可移动文物，建立登记制度是确保文物管理的第一步。通过登记，可以建立起一个清晰的文物档案，包括文物的名称、来源、年代、特征、保存状况等信息，为文物的管理、保护和利用提供必要的依据。同时，登记制度也可以使文物所有者意识到其责任，增强其对文物保护的重视，减少文物流失和损坏的可能性。

博物馆作为重要的文物管理机构，也需要建立文物登记制度并加强监管。博物馆收藏的文物往往具有重要的历史和文化价值，因此需要特别关注其管理和保护。通过登记制度，可以对博物馆的文物收藏进行系统管理，包括清点、整理、分类等工作，从而确保文物的安全和完整性。同时，加强监管可以防止博物馆内部发生盗窃、贪污等，保障文物的合法权益。拍卖行作为文物流通的重要渠道，也需要建立文物登记制度并加强监管。在文物交易过程中，往往存在着各种潜在的风险，如文物来源不明、真伪难辨等问题。通过登记制度，可以追溯文物的来源和流通轨迹，防止非法文物进入市场。同时，加强监管可以规范拍卖行的行为，防止违法买卖和文物走私等违法行为的发生，维护文物市场的秩序和正常运行。

除了建立登记制度，还需要建立相应的监管机制，确保登记信息的真实性和可靠性。监管机制包括定期检查、抽样调查、信息核实等手段，以确保文物登记制度的有效实施。同时，还可以利用现代科技手段，如文物标识、信息化管理系统等，提高监管的效率和水平，防止文物流失和损坏的发生。

三、文物出口和进口管理

建立严格的文物出口和进口管理制度，对出入境的可移动文物进行审查和监管，不仅可以有效地防止国内文物被非法输出，还可以防止外国文物非法进入国内，从而维护文物的安全、完整性和合法权益。文物出口和进口管理制度的建立旨在规范文物的国际交流和流动，确保文物的出境和入境符合法律法规和文物保护的相关要求。在出口方面，国家可以通过设立出口许可制度、审核程序等措施，对欲出境的文物进行审查和核准，确保文物的出境符合法律法规和文物保护的相关要求。对于涉及国家重点保护文物、珍贵文物等特殊类别的文物，应当加强审查和管理，防止其非法流失和损坏。在进口方面，国家可以通过设立进口许可制度、文物检查等措施，对进境的文物进行审查和监管，确保文物的入境符合法律法规和文物保护的相关要求。

文物出口和进口管理制度的建立有助于防止文物的非法流失和盗窃。文物是国家的文化遗产，具有重要的历史、艺术和科学价值，因此需要得到妥善的保护和管理。通过建立严格的出口和进口管理制度，可以有效地防止文物被非法输出和非法进入，遏制文物的非法流失和盗窃现象，维护文物的合法权益和文化遗产的完整性。文物出口和进口管理制度的建立有助于促进国际文化交流和合作。文物是人类文明的重要载体，具有跨越国界的"普世价值"，因此需要加强国际交流和合作，共同保护和传承文物。通过建立严格的出口和进口管理制度，可以促进国际文物交流和合作，加强国际社会在文物保护方面的合作与沟通，共同推动文物保护事业向前发展。

四、文物拍卖和交易监管

建立规范的监管机制，包括对拍卖行和交易商的资质认证、交易记录的备案和公开、交易过程的监督等措施，可以有效防止文物非法流入市场或通过非法手段流失，保障文物的安全、完整性和合法权益。对于文物拍卖和交易市场，应当建立严格的监管机制，确保拍卖行和交易商的合法资质和经营行为。这包括对拍卖行和交易商的资质认证和注册管理，只有具备一定条件和资质的拍卖行和交易商才能从事文物拍卖和交易业务，避免了不具备专业知识和经验的机构或个人参与文物交易，从而降低了文物非法流入市场的可能性。

在监管机制中，应当强化对文物交易记录的备案和公开。拍卖行和交易商在进行文物交易时，应当详细记录交易信息，包括文物名称、来源、价格、买卖双方身份信息等，并及时将交易记录备案并公开，供监管部门和社会公众查询和监督。这有助于提高文物交易的透明度和公开性，减少了不法分子从事文物非法交易的空间。除了对交易记录的备案和公开外，还应当加强对文物交易过程的监督。监管部门可以通过定期检查、抽样调查等方式，对拍卖行和交易商进行监督，确保其交易行为符合法律法规和文物保护的相关要求。同时，还应当加强对文物来源的调查和审核，防止流失文物通过拍卖和交易市场重新流入市场，维护文物的合法权益和文化遗产的完整性。

在建立规范的监管机制的同时，还应当加强对文物拍卖和交易市场的宣传和教育。通过开展宣传活动和教育培训，提高文物拍卖和交易市场从业人员和公众对文物保护的认识和意识，引导他们树立正确的文物保护观念，自觉维护文物的合法权益和文化遗产的完整性。

五、文物保护技术标准与修复

确保可移动文物的保护和修复，关键在于建立科学的技术标准和修复原则，以确保文物在保护和修复过程中不受进一步损坏，并尽可能还原其历史原貌和艺术价值。这需要综合考虑文物的材质、特点和损坏情况，结合先进的科学技术和专业知识，制定出科学可行的保护和修复方案。通过建立科学的技术标准，可以对文物的保护和修复工作进行规范和指导，确保保护工作的科学性、规范性和有效性。技术标准通常包括文物保护的基本原则、方法和技术要求，以及对不同类型文物的保护和修复指南，为文物保护工作者提供了可操作的指导和依据。

不同类型的文物可能具有不同的材质、结构和历史背景，因此在保护和修复过程中需要采取不同的保护措施和修复方法。例如，对于古代陶器等易碎文物，需要采用特殊的支撑和固定措施，以防止其进一步损坏；而对于油画等绘画作品，则需要采用特殊的清洁和修复技术，以还原其原有的艺术效果。随着科学技术的不断发展和进步，国际上已经积累了大量的文物保护和修复经验，这些经验对于我国文物保护工作具有重要的借鉴意义。因此，我们应当结合我国的实际情况，及时吸收和借鉴国际先进技术标准，制定出适合我国国情的文物保护技术标准，为文物保护工作提供更加科学和有效的指导。

文物修复原则通常包括尊重文物本身的历史和艺术价值、尽量保持文物原有的状态和风貌、注重修复工作的可逆性和可见性等。这些原则旨在在修复文物时尽量减少对其原有特征和价值的破坏，尽可能还原其原貌和艺术效果，同时确保修复工作的可逆性和可见性，方便日后的修复和调整。在实际的文物保护和修复工作中，需要根据文物的具体情况和损坏程度，采取不同的修复方法和技术手段。修复工作既要尊重文物本身的历史和艺术价值，又要注重修复的科学性和可操作性，确保修复效果符合文物的保护需求和修复原则。同时，还需要加强对修复工作的监督和评估，确保修复工作的质量和效果，最大限度地保护文物的安全和完整性。

六、文物保护宣传与教育

只有当公众对文物保护有足够的重视和理解，才能形成良好的社会氛围，促进文物保护工作的开展，实现文物的长期保存和传承。因此，文物保护宣传与教育工作至关重要，需要全社会的共同参与和支持。通过各种媒体渠道，如可以通过电视、广播、网络、报纸等，向公众介绍文物的重要价值和保护意义，讲述文物的历史故事和背后的文化内涵，引导公众关注文物保护工作，增强对文物的珍视和保护意识。同时，还可以举办各种文物保护主题的宣传活动，如展览、讲座、访谈等，吸引更多的人参与到文物保护工作中来，共同维护文物的安全和完整。

通过学校教育和社会教育，可以向广大学生和公众传授文物保护的相关知识和技能，培养他们对文物的尊重和保护意识。学校可以将文物保护纳入课程内容，组织参观活动和实践课程，让学生亲身感受文物的魅力和价值，激发他们的保护热情和责任感。社会组织和文化机构也可以开展各种文物保护培训和志愿者活动，吸引更多的人参与到文物保护事业中来，共同守护文物的珍贵财富。加强文物保护宣传与教育工作，不仅有助于提高公众对文物保护的认知和意识，还可以促进文物保护工作的深入开展。只有当全社会都能够认识到文物的重要价值和保护意义，才能形成人人关心、人人参与、人人尽责的良好局面，共同保护好我们共同的文化遗产。因此，我们需要各级文物保护部门和相关机构加大宣传和教育力度，积极开展文物保护宣传与教育工作，为文物保护事业的发展提供有力支持。

在宣传和教育工作中，还应该注重利用现代科技手段和传播渠道，如社交媒体、移动应用等，创新宣传方式和内容，吸引更多的年轻人关注文物保护，增强他们的参与意识和积极性。同时，还应该加强对文物保护志愿者队伍的建设和培训，发挥志愿者在文物保护工作中的重要作用，形成良好的社会合力，共同保护好我们的文化遗产。

第三节 文物保护管理的实践与经验

文物保护管理的实践与经验是保护和传承文化遗产的重要保障。通过实践，我们积累了丰富的经验，包括科学保护方法、有效管理措施以及社会参与等方面。这些经验不仅促进了文物的有效保护和传承，也为文物保护领域的进步提供了宝贵的参考和借鉴。本节将深入分析文物保护管理的实践与经验案例。通过案例分析，探讨不同地区、不同类型文物的保护管理策略，总结成功经验，为文物保护工作提供有益启示。

一、欧洲古典绘画作品的保护管理

古典绘画作品在欧洲艺术史上扮演着重要的角色，展现了历史、宗教和艺术的精华。然而，随着时间的流逝，这些作品面临着褪色、开裂和被腐蚀等问题，因其年代久远和材料的脆弱性而变得更加脆弱。为了最大限度地保护和恢复这些珍贵的绘画作品，美术史学家、化学家和文物保护专家进行了深入研究。传统的修复材料包括天然树脂、动植物蜡和矿物油，但这些材料可能在长时间内容易导致绘画作品发生化学反应或颜色变化。因此，研究人员致力于寻找更加稳定和适用于不同类型绘画的新型修复材料，如合成树脂、纳米材料等，以确保修复效果持久稳定。

传统的修复技术包括填补裂缝、修复绘画表面、清洁污垢等，但这些技术可能对作品造成二次伤害。因此，研究人员探索了一系列更加温和和精确的修复技术，如激光清洗、微观手术和数字化修复等，以最大限度地保留原作品的完整性和原始外观。恒温恒湿的环境可以有效地减缓绘画作品的老化速度，避免颜料褪色和画布变形。因此，博物馆和画廊采用先进的环境控制设备，如空调系统和加湿器，以维持稳定的环境条件，保护绘画作品免受外界因素的侵害。

研究人员还利用现代科技手段进行绘画作品的研究和修复。例如，利用 X 射线和红外线成像技术可以揭示绘画作品的内部结构和隐含细节，有助于准确识别损坏部位和制定修复方案。数字化技术也为绘画作品的修复提供了新的途径，例如利用计算机软件进行像素级修复和色彩校正，以恢复作品的原始外观和色彩。

二、梵·高画作的保护管理

梵·高的画作代表了世界艺术史上的巅峰，其独特的风格和深刻的内涵吸引着世界各地的观众。为了保护这些珍贵的艺术品，展览机构采取了一系列严格的环境控制措施、安保措施以及定期的维护和保养工作。由于梵·高的画作对光线、温度和湿度等环境因素非常敏感，因此展览机构必须确保展览空间的环境条件符合标准，以最大限度地减少画作的受损风险。通过安装先进的空调系统、湿度调节设备和光线控制设备，展览机构可以有效地控制展览空间的环境条件，确保梵·高画作处于最佳的保存状态。

安保措施是保护梵·高画作的重要保障。考虑到梵·高画作的珍贵性和吸引力，展览机构必须采取严格的安保措施，防止画作受到盗窃、破坏或其他形式的损害。这包括安装监控摄像头、增加安保人员数量、实施访客管理制度等，以确保画作的安全和完整性。定期的维护和保养工作也是保护梵·高画作的重要环节。展览机构需要定期对画作进行检查和清洁，及时发现并处理潜在的问题，如表面污垢、褪色和开裂等。同时，展览机构还需制定详细的保养计划和操作流程，包括正确的搬运、展示和储存方法，以确保画作长期保存。

通过长期的展览实践，博物馆和画廊积累了丰富的经验，制定了相应的展览管理规范和操作流程，确保梵·高画作得到妥善保护和展示。这些经验和规范不仅适用于梵·高画作，也为其他重要艺术品的展览和保护提供了重要的参考和借鉴。展览机构将继续致力于保护和传承梵·高等重要艺术家的作品，让更多的人能够欣赏和享受到艺术的魅力。

第四章　可移动文物的数字化保护与利用

第一节　文物数字化的基本概念与技术

一、可移动文物数字化的基本概念

数字化是将物理实体转换为数字形式的过程，可移动文物数字化即是将可移动文物（如书籍、文献、艺术品等）转换为数字形式，以便于保存、传播和利用。随着信息技术的迅猛发展，数字化已经成为文化遗产领域的重要趋势和手段。可移动文物数字化的基本概念包括数字化的对象、目的、内容和方法等方面。可移动文物数字化的对象包括各种类型的可移动文物，如书籍、文献、艺术品、实物模型等。通过数字化，这些可移动文物可以被转换为数字形式的数据或影像，以实现数字保存、数字展示和数字传播。

可移动文物数字化的目的是实现文物的数字化保存、数字化展示和数字化传播。可以将文物保存在数字形式的数据库中，以实现文物的长期保存和保护；同时，数字化还可以实现文物的远程展示和传播，使更多的人可以通过网络等渠道了解和欣赏文物。可移动文物数字化的内容包括文物的数字化数据和数字化影像等[1]。数字化数据包括文物的文字信息、图片信息、音频信息、视频信息等，可以全面记录文物的特征和内容；数字化影像可以将文物的外观和结构以数字形式保存，方便进行展示和研究。

可移动文物数字化的方法包括数字化采集、数字化处理和数字化存储等。数字化采集是指通过扫描、摄影等手段将文物转换为数字形式；数字化处理是指对数字化数据和数字化影像进行处理和编辑，以提高其质量和可用性；数字化存储是指将数字化数据和数字化影像保存在计算机或网络服务器中，以实现长期保存和管理。

二、可移动文物数字化的基本技术

可移动文物数字化涉及多种基本技术，包括数字化采集技术、数据处理技术、数字化存储技术等。

---

[1] 温萍萍.浅析文物保护与旅游开发的可持续发展[J].消费导刊,2021(1)：73-74.

(一) 数字化采集技术

1. 扫描技术

文物数字化的扫描技术是将文物表面的图像信息转换为数字形式的关键技术之一。这种技术可以帮助文物保护者和研究者更好地保存、研究和传播文物。扫描技术主要包括光学扫描和数字扫描两种。光学扫描是使用光学传感器扫描文物表面，将文物的图像转换为数字形式。这种扫描技术可以实现对文物表面细节的高精度扫描，适用于平面和曲面文物的数字化。光学扫描通常包括三维扫描和二维扫描两种方式，可根据文物的具体形态和要求选择合适的扫描方式。

数字扫描是将文物表面的图像通过数字化设备转换为数字形式的扫描技术。这种扫描技术通常包括平板扫描和卷轴扫描两种方式。平板扫描适用于平面文物的数字化，可以实现对文物整体图像的快速扫描；而卷轴扫描适用于卷轴文物的数字化，可以实现对卷轴文物的逐幅扫描，并通过图像拼接技术实现对整个卷轴文物的数字化。扫描技术的应用可以帮助文物保护者和研究者更好地保存和传播文物。通过扫描技术，可以实现对文物图像的高精度数字化，为文物的长期保存提供了有效手段。同时，扫描技术还可以实现对文物图像的快速传播和共享，为文物的研究和展示提供了便利条件。

2. 摄影技术

摄影技术在文物数字化中扮演着重要角色，通过使用数字相机或专业摄影设备对文物进行拍摄，可以将文物的图像转换为数字化的图像文件。这种技术能够帮助文物保护者和研究者更好地保存、研究和传播文物。摄影技术主要包括拍摄设备选择、拍摄环境布置、拍摄角度控制和后期处理等方面。为了获得高质量的文物图像，需要选择像素高、色彩还原度好的数字相机或专业摄影设备。这些设备具有较高的分辨率和色彩还原度，可以准确地记录文物的细节和色彩。

为了避免光线、阴影等因素对拍摄效果的影响，需要在专业的摄影棚或环境下进行拍摄。同时，还需要采用适当的光源和灯光布置，以确保文物被准确、清晰地拍摄。通过选择合适的拍摄角度和距离，可以最大限度地展示文物的特征和细节。同时，还可以通过调整焦距和光圈等参数，实现对文物的局部特写和整体展示。通过对拍摄的图像进行处理和编辑，可以进一步提高图像的质量和可用性。例如，可以调整图像的亮度、对比度和色调，修复图像中的缺陷，以及裁剪和调整图像的大小和比例。

3. 录音技术

录音技术在文物数字化中扮演着重要角色，通过使用录音设备对文物的声音进行录制，可以将声音转换为数字化的音频文件。录音技术主要包括录音设备选择、录音环境控制、录音内容选择和后期处理等方面。为了获得高质量的文物声音录音，需要选择灵敏度高、音质好的录音设备。这些设备具有较高的信噪比和频率响应，可以准确地记录文物的声音特征和细节。

为了避免环境噪音对录音效果的影响，需要在安静的环境下进行录音。同时，还需要采用适当的录音设备布置和声学处理，以确保文物声音被准确、清晰地录制。通过选择合适的录音内容和方式，可以最大限度地展示文物的声音特征和文化内涵。同时，还可以通过调整录音设备的参数和位置，实现对文物声音的全面录制和展示。通过对录音文件进行处理和编辑，可以进一步提高录音的质量和可用性。例如，可以去除录音中的噪声和杂音，调整录音的音量和音质，以及剪辑和合并录音文件等。

4. 录像技术

数字化技术在文物保护与传承中的应用日益广泛，其中录像技术是一种重要的手段。通过使用摄像机对文物的视频进行录制，可以将文物的形态、结构和特征等信息转换为数字化的视频文件，以便于保存、传播和研究。录像技术主要包括录像设备选择、录像环境布置、录像角度控制和后期处理等方面。为了获得高质量的文物视频，需要选择分辨率高、色彩还原度好的摄像机。这些设备具有较高的像素和帧率，可以准确地记录文物的细节和动态特征。

录像环境的布置对录像效果有着直接影响。为了避免光线、阴影等因素对录像质量的影响，需要在合适的环境中进行录像。同时，还需要采用适当的灯光和布景，以确保文物被准确、清晰地录制。录像角度的控制也是录像技术中需要重视的方面。同时，还可以通过调整摄像机的参数和位置，实现对文物的全面录制和展示。通过对录制的视频文件进行处理和编辑，可以进一步提高视频的质量和可用性。例如，可以剪辑视频、调整视频的色彩和对比度，以及添加字幕和音效等。

(二) 数据处理技术

1. 图像处理技术

数字化的图像处理技术在文物保护和研究中具有重要意义。通过对数字化的图像文件进行处理，可以提高图像的质量和清晰度，使文物的特征和细节更加突出，为文物的保存、传播和研究提供了有效手段。图像处理技术主要包括去噪、增强、修复和重建等方面。在数字化过程中，图像可能会受到噪声的影响，降低图像的质量和清晰度。通过去除噪声使文物的特征更加清晰和突出。

通过调整图像的亮度、对比度和色彩等参数，可以使图像的色彩更加鲜明，细节更加丰富，从而提高图像的观赏性和可用性。在文物数字化过程中，图像可能会受到损坏或缺失的影响,影响图像的完整性和可用性。通过修复损坏部分,可以恢复图像的完整性和连贯性,使文物的特征更加完整和准确。通过重建图像的结构和形态,可以实现对文物的三维展示和还原,使观众可以更加全面地了解和欣赏文物的特征和风采。

2. 文字识别技术

文字识别技术在文物数字化中扮演着重要角色,通过对数字化的图像文件进行文字识别,可以将图像中的文字转换为可编辑的文字文件,为文物的保存、传播和研究提供了便利。光学字符识别(OCR)是文字识别技术中的重要组成部分。通过使用OCR技术,可以识别数字化图像中的文字,并将其转换为计算机可编辑的文本文件。这种技术可以帮助文物保护者和研究者更好地理解文物中的文字信息,为文物的研究和传播提供了便利条件。自然语言处理(NLP)是文字识别技术的另一个重要方面。通过使用NLP技术,可以对识别出的文字进行语义分析和处理,进一步提取和理解文字中的信息。这种技术可以帮助文物保护者和研究者更深入地研究文物中的文字内容,为文物的研究和传播提供了更多的可能性。文字识别技术的应用可以帮助文物保护者和研究者更好地保存和传播文物。同时,文字识别技术还可以通过识别和分析文字内容,进一步挖掘和理解文物中的信息。

3. 音频处理技术

音频处理技术在文物数字化中扮演着重要角色,通过对数字化的音频文件进行处理,可以提高音频的质量和清晰度,使文物的声音特征更加突出。音频处理技术主要包括降噪、音频编辑、音频合成等方面。音频可能会受到背景噪声的干扰,影响音频的质量和清晰度。通过降噪处理,可以减少背景噪声的影响,使音频更加清晰和真实。通过对音频文件进行编辑,可以去除不需要的部分,调整音频的音量和音质,使音频更加符合需求。音频编辑可以帮助文物保护者和研究者更好地处理和利用音频信息。

通过合成不同音频文件,可以创建新的音频文件,丰富音频内容,提高音频的表现力和吸引力。音频合成可以帮助文物保护者和研究者创造出更加生动和丰富的音频体验。通过对处理过的音频文件进行后期处理,可以进一步提高音频的质量和可用性。例如,可以调整音频的音量和音质,添加音效和混响效果,以及修复音频中的缺陷和损坏部分等。

4. 视频处理技术

视频处理技术在文物数字化中扮演着重要角色,通过对数字化的视频文件进行处理,可以提高视频的质量和观赏性,使文物的形态和特征更加生动和突出。视频处理技术主要包括剪辑、合成、特效处理等方面。通过对视频文件进行剪辑,保留重要的内容，使视频更加紧凑和精练。剪辑可以帮助文物保护者和研究者更好地展示文物的特征和细节。

通过合成不同视频文件或图像，可以创建新的视频文件，丰富视频内容，提高视频的表现力和吸引力。合成可以帮助文物保护者和研究者创造出更加生动和丰富的视频体验。通过添加特效和过渡效果，可以使视频更加丰富多彩，增强观赏性和趣味性。特效处理可以帮助文物保护者和研究者更好地展示文物的魅力和历史价值。例如，可以调整视频的色彩和对比度，添加音效和字幕，以及修复视频中的缺陷和损坏部分等。

（三）数字化存储技术

1. 数据库存储技术

数据库存储技术在文物数字化中扮演着至关重要的角色。通过将数字化的文物数据和影像存储在数据库中，可以实现对文物信息的有效管理和检索，为文物的保存、传播和研究提供了便利条件。数据库存储技术主要包括数据库选择、数据结构设计、数据管理和数据检索等方面。为了存储文物数据和影像，需要选择适合的数据库系统。常用的数据库系统包括关系数据库（如 MySQL、Oracle 等）和非关系数据库（如 MongoDB、Redis 等）。选择合适的数据库系统可以提高数据的存储效率和检索速度。

通过设计合理的数据结构，可以有效地存储和管理文物数据和影像。数据结构设计需要考虑数据的组织方式、索引建立和数据关系等方面，以实现数据的高效存储和检索。通过数据管理，可以对文物数据和影像进行有效的管理和维护。数据管理包括数据的录入、更新、删除和备份等操作，以确保数据的完整性和安全性。通过数据检索，可以快速地检索到所需的文物数据和影像。数据检索需要设计合理的检索算法和查询语句，以实现对数据的快速和准确的检索。

2. 云存储技术

通过将数字化的文物数据和影像存储在云端服务器中，可以实现数据的远程访问、共享和备份，为文物的保存、传播和研究提供了更加便利和安全的条件。云存储技术主要包括云存储服务选择、数据上传和下载、数据安全和备份等方面。需要选择可靠的云存储服务提供商。常用的云存储服务提供商包括亚马逊 AWS、谷歌云、微软 Azure 等。选择合适的云存储服务可以提高数据的安全性和可靠性。

通过云存储服务，可以方便地将文物数据和影像上传到云端服务器中，并且可以随时随地进行数据的下载和访问。数据上传和下载需要考虑网络带宽和传输速度等因素，以确保数据的及时和安全传输。云存储服务可以实现对文物数据和影像的安全存储和管理。云存储服务提供商通常会提供数据加密、访问控制和数据备份等功能，以确保数据的安全性和完整性。云存储服务可以实现对文物数据和影像的定期备份，以防止数据丢失或损坏。数据备份可以帮助文物保护者和研究者更好地保护和管理文物数据。

3. 光盘存储技术

光盘存储技术在文物数字化中扮演着重要的角色。通过将数字化的文物数据和影像存储在光盘中，可以实现数据的长期保存和备份，为文物的传播和研究提供了便利条件。光盘存储技术主要包括光盘类型选择、数据刻录和数据读取等方面。常见的光盘类型包括 CD、DVD 和 Blu-ray 等。选择合适的光盘类型可以根据文物数据和影像的大小和存储需求来决定。通过光盘刻录机，可以将文物数据和影像写入光盘中。数据刻录需要注意光盘的质量和光盘刻录机的性能，以确保数据的稳定和安全存储。

通过光盘驱动器，可以读取存储在光盘中的文物数据和影像。数据读取需要注意光盘的兼容性和读取速度，以确保数据的快速和准确读取。优势在于存储成本低、存储容量大、便于携带和存储，适用于小规模数据和影像的存储和备份。局限性在于存储寿命有限、易受环境和物理损坏影响、读写速度较慢等，不适合长期大规模数据和影像的存储和备份。

（四）其他技术

1. 三维扫描技术

三维扫描技术可以实现对文物的高精度、全方位的数字化展示。这种技术利用激光或光学原理，对文物表面进行扫描，获取文物的三维坐标信息，然后通过计算机软件处理，生成文物的三维模型。三维扫描技术可以帮助文物保护者和研究者更好地了解和研究文物，促进文物的传播和研究。三维扫描技术可以实现对文物的全方位展示。通过三维扫描，可以获取文物表面的所有细节和特征，包括形状、纹理、色彩等，实现对文物的全方位展示和观察。这对于文物的保存、传播和研究具有重要意义。

三维扫描技术可以实现对文物的高精度数字化。三维扫描可以获取文物的高精度三维坐标信息，实现对文物形态和结构的精确数字化，为文物的保存和研究提供了准确的数据基础。三维扫描技术还可以实现对文物的虚拟展示。通过将三维扫描得到的文物模型与虚拟现实技术结合，可以实现对文物的虚拟展示，使观众可以身临其境地感受文物的魅力。

2. 虚拟现实技术

虚拟现实技术是一种将计算机生成的虚拟环境与真实世界进行交互的技术。在文物数字化中，虚拟现实技术可以实现对文物的虚拟展示，让用户可以通过虚拟环境与文物进行互动，提高文物展示的趣味性和体验性。虚拟现实技术可以实现对文物的立体展示。可以将文物的三维模型呈现在虚拟环境中，让用户可以360度自由观察文物的各个角度和细节，实现对文物的立体展示。

虚拟现实技术可以实现对文物的互动体验。用户可以在虚拟环境中与文物进行互动，如触摸、旋转、放大等操作，增强用户的参与感和体验感，使用户更加深入地了解和感受文物。虚拟现实技术还可以实现对文物的再现和模拟，可以模拟文物所处的历史环境和场景，让用户可以身临其境地感受文物的历史和文化价值，增强文物的传播效果和教育意义。

第二节 文物数字化的方法与流程

一、可移动文物数字化的方法

（一）三维扫描技术

利用三维扫描技术对文物进行数字化处理是现代文物保护与研究的重要手段之一。该技术通过激光或光学原理对文物进行扫描，获取文物表面的三维坐标信息，再通过计算机软件处理生成文物的三维模型。传统的二维摄影可能无法完整、准确地记录文物的各个角度和细节，而三维扫描可以精确地获取文物的形态和结构，为文物的保存和研究提供了更准确的数据支持。

三维扫描可以将文物的三维模型呈现在计算机屏幕上，观众可以360度自由旋转、放大缩小文物，从而更加全面地了解文物的外形和内部结构。三维扫描技术还可以实现对文物的虚拟还原。通过三维扫描和计算机模拟技术，可以将文物还原到原来的样子，甚至可以模拟文物所处的历史环境和场景，让观众可以身临其境地感受文物的历史和文化价值。

（二）虚拟现实技术

虚拟现实技术是一种利用计算机技术和传感器设备，将文物的三维模型呈现在虚拟环境中，让用户可以通过虚拟环境与文物进行互动的技术。虚拟现实技术还可以实现对文物的虚拟展示。通过将文物的三维模型与虚拟现实技术结合，可以实现对文物所处的历史环境和场景的模拟,让用户可以身临其境地感受文物的历史和文化价值。

(三) 摄影技术

摄影技术在可移动文物的数字化过程中扮演着重要角色。这种方法利用数字相机或专业摄影设备对可移动文物进行拍摄,将文物的图像转换为数字化的图像文件,简单易行,适用于对文物外观和纹理进行快速记录和展示的场景。摄影技术可以实现对可移动文物的快速记录。相比于其他数字化方法,摄影技术操作简便,可以快速获取文物的外观和纹理信息,为文物的数字化提供了高效的手段。

摄影技术可以实现对可移动文物的高质量影像获取。通过专业摄影设备拍摄,可以获得高清晰度、高精度的图像,能够准确地展示文物的各个细节和特征,为文物的保存和研究提供了重要数据支持。摄影技术还可以实现对可移动文物的数字展示[1]。将拍摄得到的数字化图像通过计算机软件处理,可以生成高质量的数字化影像,可以在数字化平台上进行展示和分享,方便广大观众了解和学习。

(四) 录音技术

录音技术在可移动文物的数字化中扮演着重要的角色。该技术利用录音设备对文物的声音进行录制,将声音转换为数字化的音频文件,适用于对文物声音和音乐等非物质文化遗产进行记录和保护的场景。录音技术可以实现对文物声音的忠实记录。对于一些有声文物,如传统乐器演奏、传统歌谣等,录音技术可以将其声音精确地记录下来,保存为数字化音频文件,使得这些声音得以永久保存。

录音技术可以实现对文物声音的数字化展示。将录制的音频文件通过数字化平台展示出来,观众可以通过听音频文件的方式体验到文物的声音,增加了文物的展示形式,丰富了观众的感官体验。录音技术还可以对文物音乐等非物质文化遗产进行记录和保护。通过录音技术可以将传统音乐、歌谣等非物质文化遗产保存为数字化音频文件,以便后人学习和传承。

(五) 录像技术

录像技术在可移动文物保护和展示中扮演着重要角色。通过利用摄像机对可移动文物的视频进行录制,并将其转换为数字化的视频文件,可以实现对文物的动态展示和讲解。这种方法适用于各种场景,包括博物馆、展览和教育机构等,为观众

---

[1] 金磊:一部从学术传播走向理论创新的力作——单霁翔先生《从"文物保护"走向"文化遗产保护"》[J]. 北京城市学院学报,2009(1):42-45.

提供了更加直观、生动的文物展示体验。在博物馆展览中，录像技术可以被用来展示珍贵文物的全貌和细节。通过视频，观众可以近距离观看文物的各个角度，了解其外观、结构和纹饰等细节。同时，配合讲解员的解说，可以更加深入地了解文物的历史、文化背景和价值，增强观众的学习和体验效果。

录像技术还可以用于文物的远程展示和教育。例如，通过网络直播或视频会议，可以将博物馆的文物展示实时传输到其他地方，让更多的人有机会欣赏到文物的魅力。这对于一些偏远地区或无法亲临现场的人来说，是一种非常有价值的文化体验和教育机会。录像技术还可以用于文物的数字化保存和研究。将文物的视频记录下来，可以在一定程度上替代对文物的实物检查，减少文物被频繁移动和接触的风险。同时，数字化的视频文件也为文物的研究和学术交流提供了便利，研究人员可以通过视频文件对文物进行详细的分析和讨论。

(六) 图像处理技术

图像处理技术在可移动文物保护和展示中发挥着重要作用。通过对数字化的文物图像文件进行处理，包括去除噪声、调整亮度和对比度、修复损坏部分等操作，可以提高图像的质量和观赏性，为观众呈现更加清晰、真实的文物形象。在文物保护方面，图像处理技术可以帮助文物保护人员更好地了解文物的状态和变化。通过对文物图像进行放大和增强处理，可以检测出文物表面的微小损伤和痕迹，及时采取保护措施，避免文物的进一步损坏。此外，图像处理技术还可以用于文物的数字化保存和档案管理，为文物的长期保护和研究提供了便利条件。

在文物展示和教育方面，图像处理技术可以提高文物图像的观赏性和教育效果。通过调整图像的亮度和对比度，可以使文物的细节更加清晰，展现出更加真实的色彩和质感，吸引观众的注意力，增强他们的学习和体验效果。同时，对文物图像进行修复和重建，可以还原文物原貌，让观众更加直观地感受文物的历史和文化价值。此外，图像处理技术还可以结合虚拟现实和增强现实等技术，为观众提供更加沉浸式和互动性的文物展示体验。通过将文物图像与虚拟场景结合起来，观众仿佛置身于文物所在的真实环境中，与文物进行互动和体验，深入了解文物的历史和文化内涵。

二、可移动文物数字化的流程

(一) 采集

1. 选择合适的设备

在进行可移动文物数字化的过程中，选择合适的设备至关重要。不同的文物可能需要不同类型的设备来实现最佳的数字化效果。对于较小的文物，如小型工艺品或器物，可以选择高分辨率的数码相机或扫描仪来进行数字化。这样可以保证图像的细节和清晰度。对于较大的文物，如雕塑或建筑物，可能需要使用特殊的大型摄像机或激光扫描仪来进行数字化，以保证整个文物的完整性和细节。

一些文物可能具有复杂的形状或表面纹理，这就需要选择能够捕捉细节的设备。例如，对于具有复杂纹理的陶器或织物，可以选择具有高分辨率和深度感知功能的设备来进行数字化，以便更好地呈现文物的细节和质感。还需要考虑文物的材质。不同材质的文物对光线和影像的反射吸收情况不同，这就需要选择适合的设备来进行数字化。例如，可以选择适合金属表面的光源和相机设置，以避免反射和光斑影响图像质量。还需要考虑设备的稳定性和便携性。设备的稳定性直接影响到图像的清晰度和稳定性。因此，需要选择稳定性好、操作简便的设备。同时，由于文物数字化可能需要在不同场所进行，因此设备的便携性也是需要考虑的因素之一。

2. 确定采集位置

正确的采集位置可以保证文物的完整性和清晰度，同时也能够减少后续处理的工作量。需要考虑文物的大小和形状。根据文物的大小和形状选择合适的摆放位置和角度，确保文物能够完整地展示在采集设备的视野内。对于较大文物可能需要选择一个较远的位置来进行采集，以保证整个文物都能够被完整地拍摄或扫描到。

光线的照射会直接影响到图像的清晰度和质量，因此需要选择适合的光线条件来进行采集。同时，背景也需要考虑，选择一个简洁、不会干扰文物展示的背景，可以使文物在图像中更加突出。还需要考虑文物的特点和细节。一些文物可能具有复杂的纹理和细节，需要选择一个合适的角度和距离来进行采集，以便能够清晰地展现文物的细节和特点。还需要考虑采集设备的位置和角度。确定好文物的位置和角度后，需要调整采集设备的位置和角度，使其与文物保持合适的距离和角度，以确保采集到的图像或数据完整和清晰。

3. 采集图像或数据

在可移动文物数字化的过程中，采集图像或数据是至关重要的一步。通过利用适当的设备对文物进行拍摄、扫描或测量，可以获取高质量的数字化图像或数据，为文物的保护、展示和研究提供重要支持。对于文物的拍摄，需要选择合适的摄像机或数码相机，并根据文物的大小、形状和特点确定拍摄角度和距离。在拍摄过程中，需要注意光线的均匀性和稳定性，避免出现阴影或反光，影响图像的质量。此外，还需要注意相机的设置，包括曝光、对焦和白平衡等，以确保拍摄到的图像清晰、真实。

对于文物的扫描，可以利用专业的扫描仪或激光扫描仪进行。扫描仪可以更加精确地获取文物的三维信息,包括形状、纹理和颜色等。在扫描过程中,需要根据文物的大小和形状选择合适的扫描参数,以获得高质量的扫描数据。扫描后的数据可以通过后期处理软件进行处理,生成高质量的数字化模型。还可以利用测量仪器对文物进行测量,获取文物的尺寸和形状信息。通过测量仪器可以快速准确地获取文物的各项参数,为后续的数字化处理提供准确的数据支持。测量数据可以通过软件进行处理,生成文物的数字化模型或图像。

(二)处理

1. 去除噪声

图像中的噪声是指图像中不希望出现的随机干扰,可能由于图像采集过程中的电磁干扰、传感器噪声或图像传输过程中的误差等原因引起。去除噪声是图像处理的重要步骤之一,可以提高图像的清晰度和质量,使图像更具观赏性和可用性。在去除噪声的过程中,首先需要使用适当的图像处理软件,如 Adobe Photoshop、GIMP 或 MATLAB 等。这些软件提供了各种去噪算法和工具,可以根据图像的特点和噪声类型选择合适的方法进行处理。

一种常用的去噪方法是均值滤波。这种方法通过在图像中取一个像素周围的邻域,并计算邻域中像素的平均值来替换中心像素的值。这样可以有效地平滑图像,并去除一部分噪声。另一种常用的方法是中值滤波。它将邻域中像素的中值作为中心像素的值,可以有效地去除椒盐噪声等特定类型的噪声。除了滤波方法外,还可以使用小波变换、非局部均值去噪等更高级的方法来去除噪声。小波变换可以将图像分解成不同尺度的频带,通过丢弃低频分量来去除噪声。非局部均值去噪则是利用图像中相似区域的信息来恢复每个像素的值,从而去除噪声。需要注意避免过度去噪,以免导致图像失真。因此,在选择去噪方法和参数时,需要根据图像的具体情况和需求进行调整,以获得最佳的去噪效果。

2. 调整亮度和对比度

在数字化可移动文物的过程中,调整图像的亮度和对比度是非常重要的一步。通过合适的调整,可以使文物的细节更加清晰可见,同时也可以提高图像的观赏性和表现力。调整图像的亮度是指调整图像的整体明亮度水平。如果图像过暗,文物的细节可能会不清晰,观看起来会比较困难。如果图像过亮,可能会造成细节丢失,影响观看体验。因此,需要根据图像的实际情况和需求,适当调整图像的亮度,使文物的细节能够清晰可见。

调整图像的对比度是指调整图像中不同区域的明暗程度差异。合适的对比度可以使文物的轮廓更加清晰,细节更加突出。如果对比度过低,图像会显得平淡无味,缺乏立体感。如果对比度过高,可能会导致图像过于强烈,失去细节。因此,需要适当调整图像的对比度,使文物的细节能够更加清晰地展现出来。调整图像的亮度和对比度可以通过图像处理软件来实现。这些软件通常提供了亮度、对比度等调整工具,可以根据需要对图像进行调整。在调整过程中,需要注意保留文物原本的色彩和纹理,避免过度调整导致图像失真。

3. 修复损坏部分

修复文物图像中的损坏部分是可移动文物数字化过程中的重要步骤。文物图像中的损坏部分可能是由于文物本身的损坏或图像采集过程中的问题导致的,修复这些损坏部分可以使文物的图像更加完整和真实,提高观赏性和研究价值。修复文物图像中的损坏部分通常需要借助图像处理软件和技术。一种常用的修复方法是利用图像修复工具,根据文物图像的特点和损坏情况,对损坏部分进行修复。这种方法可以通过复制周围的像素或使用填充工具来修复损坏部分,使修复后的图像看起来更加完整和自然。另一种常用的修复方法是利用图像合成技术。这种方法通过将文物图像中的损坏部分与其他图像或模板进行合成,来修复损坏部分。这种方法可以根据需要调整合成的效果,使修复后的图像更加符合实际情况和观赏要求。除了上述方法外,还可以利用图像重建技术来修复损坏部分。这种方法通过对文物图像进行分析和处理,利用数学模型和算法来重建损坏部分的图像。这种方法可以根据文物图像的特点和损坏情况,精确地重建损坏部分的图像,使修复后的图像更加完整和真实。

(三) 存储

1. 选择合适的格式

在进行可移动文物数字化后,选择合适的格式保存处理后的图像或数据至关重要。不同的格式具有不同的特点和优势,适合不同的应用场景和需求。JPEG 格式是一种常用的有损压缩格式,适合用于保存彩色照片等需要较小文件大小的图像。JPEG 格式可以通过调整压缩比来平衡图像质量和文件大小,但会导致图像细节的损失。因此,JPEG 格式适合用于需要在网络上传输或存储大量图像的场景,但不适合保存需要保留细节和质量的图像。TIFF 格式是一种无损压缩格式,适合保存需要保留所有细节和质量的图像。TIFF 格式支持多种色彩模式和图像属性,适合用于印刷、出版、艺术品复制等需要高质量图像的场景。由于 TIFF 格式的文件较大,不适合用于网络传输或存储大量图像。RAW 格式是一种未经压缩和处理的原始图像格式,保留了图像传感器捕捉到的所有数据和细节。RAW 格式适合用于后期处理和调整图像,可以最大限度地保留图像的质量和细节。但由于 RAW 格式的文件较大,不适合用于普通图像的存储和传输。除了上述格式外，如 PNG、GIF、BMP 等其他一些常用的图像格式，每种格式都有其特定的应用场景和优势。因此，在选择合适的格式时，需要根据图像的用途、质量要求和存储需求来进行选择，以保证图像的质量和可用性。

2. 建立数据库

数据库可以帮助记录文物的相关信息，包括图像、描述、文物属性等，为文物的保护、研究和展示提供重要支持。建立数据库需要选择合适的数据库管理系统（DBMS），如 MySQL、Oracle、SQL Server 等。根据需求和实际情况选择合适的 DBMS，以便有效地存储和管理文物信息。

需要设计数据库的结构和表格，包括文物信息、图像信息、描述信息等。设计数据库结构时，需要考虑文物信息的层次结构和关联关系，以便实现文物信息的有效管理和检索。需要将数字化的文物信息导入数据库，并进行适当的索引和标记，以便快速检索和查找文物信息。对于图像信息，可以将图像文件存储在服务器或云存储中，并在数据库中记录图像的路径和相关信息。在建立数据库的过程中，需要考虑文物信息的安全性和保密性，采取适当的安全措施，如权限管理、备份等，以保护文物信息不被非法获取或损坏。

(四) 展示

1. 选择展示方式

展示方式的选择应根据文物的特点、展示需求以及目标观众群体等因素进行综合考虑。虚拟展览是一种通过网络或虚拟现实技术展示文物的方式。虚拟展览可以为观众提供沉浸式的展示体验，使观众可以在不同的时间和空间欣赏文物。虚拟展览还可以通过多媒体技术呈现文物的历史背景和故事，增强观众的参与感和体验感。

数字图书馆是一种将文物数字化后保存在网络或数据库中供观众查阅的方式。数字图书馆可以为观众提供便捷的访问方式，使他们可以随时随地查阅文物信息。数字图书馆还可以通过搜索和分类功能帮助观众快速找到所需的文物信息，提高信息的利用率。在线展示是一种将文物数字化后通过网站或移动应用展示给观众的方式。在线展示可以为观众提供多样化的展示形式，如图像、视频、文字等，使观众可以全面了解文物的特点和价值。在线展示还可以通过互动功能与观众进行交流和互动。

2. 制作展览内容

通过利用数字化的文物图像和数据，可以制作出具有丰富内容和吸引力的展览，为观众呈现出文物的历史、文化和艺术价值。展板可以通过图文结合的方式，展示文物的图片、文字介绍、历史背景等内容，帮助观众更好地了解文物的意义和价值。展板的设计需要考虑到观众的阅读习惯和接受能力，以及展览场地的实际情况，使展板内容简洁清晰、吸引观众。

展览册可以详细介绍展览的主题、文物的历史和背景、展览的布局和设计等内容，为观众提供全面的信息和参考资料。展览册的设计需要注重内容的准确性和可读性，使观众能够轻松地了解展览的内容和主题。通过利用多媒体技术，可以将文物的图像、视频、音频等内容呈现给观众。多媒体展示可以通过电子屏幕、投影仪等设备展示，也可以通过触摸屏、耳机等设备与观众互动，使观众能够更加深入地了解文物的特点和价值。

3. 展示和推广

展示和推广数字化的文物是保护和传承文物历史与文化价值的重要途径。通过展示在博物馆、展览或网络平台上，可以向更广泛的观众群体展示文物的魅力和价值，促进文物的传播和推广。博物馆作为文物的重要保护机构和展示场所，可以为观众提供深入了解文物历史和文化的机会。通过在博物馆展示数字化的文物，可以使观众更直观地感受到文物的魅力和价值，增强对文物的认知和理解。

通过举办主题展览或巡回展览，可以将文物展示到更多的地方，吸引更多的观众。展览还可以结合其他形式的展示，如讲座、演示等，为观众提供更丰富的文化体验。通过在网络上建立专题网站、数字展览馆或社交媒体平台，可以将文物展示给全球观众，实现文物的全方位推广。网络平台还可以结合多媒体技术，为观众提供丰富的展示内容和交互体验，增强观众的参与度和体验感。

第三节　文物数字化的应用与展示

一、可移动文物数字化的应用

数字化技术在可移动文物领域的应用已经成为保护、传承和展示文物的重要手段。

（一）文物保护

数字化技术在可移动文物保护方面发挥着重要作用。通过数字化的文物数据和图像，可以有效记录、保存和保护可移动文物，从而降低文物的风险和危害。数字化技术可以减少文物直接接触和损坏的机会。传统的文物保护方式通常需要人们直接接触文物，容易造成文物的损坏和磨损。而通过数字化技术，可以将文物的图像和数据记录下来，避免了直接接触文物的需求，减少了文物的损坏。

数字化技术可以降低文物的风险和危害。文物可能受到自然环境、人为因素等多种因素的威胁。数字化技术可以及时记录文物的状态和环境，监测文物的变化，采取有效的保护措施，降低文物的风险和危害。数字化技术还可以帮助文物保护人员进行文物的监测和管理。可以建立文物数据库，记录文物的详细信息和状态，帮助文物保护人员了解文物的情况，及时发现和处理文物的问题，保障文物的安全和完整性。

（二）文物研究

数字化技术在文物研究方面发挥着重要作用，为研究人员提供了全新的研究手段和视角。研究人员可以深入分析文物的特点和属性，探究文物的历史、文化和艺术价值，为文物研究提供重要支持。数字化技术可以帮助研究人员深入分析文物的特点和属性。研究人员可以对文物进行详细的观察和分析，了解文物的构造、材质、纹饰等特点，为研究文物的历史和文化背景提供重要的依据和线索。数字化技术可以帮助研究人员探究文物的历史、文化和艺术价值。研究人员可以对文物的历史背景、文化内涵和艺术特点进行深入研究，揭示文物背后的故事和价值，为文物的保护和传承提供理论支持。数字化技术还可以帮助研究人员进行文物的比较和对比。研究人员可以将不同文物进行比较和对比，发现它们之间的相似性和差异性，从而揭示文物的规律和特点，为文物研究提供新的视角和方法。

（三）文物展示

数字化技术在文物展示方面具有革命性的意义，为传统文物展示带来了全新的可能性和体验[①]。可以实现虚拟展览、数字化图书馆和在线展示等形式，为观众提供更加丰富、直观的展示体验，推动文物的传播和推广。数字化技术可以实现虚拟展览，为观众提供全新的展示体验。可以在虚拟空间中还原文物的原貌和场景，让观众仿佛置身于文物所在的历史环境中，感受文物的魅力和历史厚重感。

数字化技术可以建立数字化图书馆，为观众提供便捷的文物展示方式。将文物的详细信息和图像保存在数字化平台上，观众可以通过网络或移动设备随时随地访问，了解文物的历史和文化价值。数字化技术可以实现在线展示，将文物展示到更广泛的地方。可以在网络平台上展示文物，吸引更多的观众，促进文物的传播和推广，让更多的人了解和关注文物的历史和文化价值。

---

① 商宏宽.周易自然观[M].太原：山西科学技术出版社，2008.

(四) 文物教育

数字化技术在文物教育方面发挥着重要作用，为观众提供了更加直观、生动的学习体验，增强了文物的教育价值和意义。可以制作教育性的文物展览、多媒体课程和互动体验，帮助观众更好地了解和认识文物。数字化技术可以制作教育性的文物展览，为观众提供直观、生动的学习体验。可以在展览中展示文物的历史、文化和艺术价值，结合文字、图片、视频等多种形式，让观众深入了解文物的内涵和意义。

数字化技术可以制作多媒体课程，丰富文物教育的内容和形式。可以制作多媒体课件，结合声音、动画等多种元素，生动地展示文物的历史、文化和艺术特点，激发学习兴趣，提高学习效果。数字化技术可以实现互动体验，增强文物教育的趣味性和参与性。可以设计互动展览和游戏，让观众参与其中，亲身体验文物的魅力和历史，增强对文物的理解和认识。

二、文物数字化的展示

文物数字化的展示是利用数字化技术将文物的信息、图像等内容呈现给观众或用户的过程。这种展示形式可以通过虚拟展览、数字化图书馆、在线展示等方式实现，为观众提供更加直观、生动的文物体验。

(一) 虚拟展览

数字化技术为文物展示带来了全新的可能性，其中虚拟展览是一种重要的展示形式。可以创建虚拟展览，为观众提供身临其境的文物体验。虚拟展览不仅可以展示文物的整体和细节，还可以提供更丰富、更深入的展示内容，极大地丰富了文物展示的形式和内容。虚拟展览可以让观众在不同的展览空间中自由浏览。可以将文物的图像和信息转化为虚拟空间中的展览场景，观众可以像在实际展览中一样自由行走，欣赏文物的不同角度和细节，感受文物所散发出的历史和文化魅力。

虚拟展览可以展示文物的整体及细节。可以将文物的图像转化为高清晰度的数字图像，观众可以放大、缩小、旋转等操作，查看文物的各个方面和细节，深入了解文物的特点和价值。虚拟展览还可以提供丰富的展览内容。除了展示文物的图像，还可以配以文字介绍、音频导览、视频资料等多种形式，为观众提供更加全面、深入的展示体验，使观众对文物有更深入的了解和认识。

(二) 数字化图书馆

数字化图书馆是将文物的信息、图像等内容保存在数字化平台上，为观众提供随时访问的便利。数字化图书馆可以提供文物的详细信息和背景介绍，让观众更好地了解文物的历史和文化。数字化图书馆的建立为文物的传承和利用提供了新的途径。数字化图书馆保存了文物的详细信息。文物的基本信息、历史背景、文献资料等都可以被数字化保存。这为观众提供了一个了解文物来源、年代、材料等重要信息的途径，为他们深入了解文物提供了便利。

数字化图书馆提供了文物的图像资料。数字化技术可以将文物的图像数字化保存，为观众提供高清晰度的文物图像。观众可以在数字平台上欣赏文物的外观和细节，从而更加深入地了解文物的艺术价值和历史意义。数字化图书馆还可以提供文物的背景介绍。除了文物的基本信息和图像资料，数字化图书馆还可以提供文物的历史背景、文化内涵、相关事件等内容。这为观众提供了一个更加全面、深入了解文物的途径，增强了他们对文物的认识和欣赏。

(三) 在线展示

在线展示是利用互联网技术，将文物的信息和图像展示在网上，为观众提供在线浏览和学习的机会。通过在线展示，观众可以随时随地访问文物的信息和图像，了解文物的历史和文化，具有重要的意义和价值。在线展示可以跨越地域限制。通过互联网，文物的信息和图像可以被传播到世界各地，不受时间和空间的限制，观众可以在家中或办公室通过电脑、手机等设备访问，在线欣赏文物，促进了文物的传播和推广。

在线展示可以提供丰富多样的展示内容。展示文物的形式可以更加多样化，包括图片、视频、文字介绍等形式，为观众提供更加全面、深入的了解体验。观众可以根据自己的兴趣和需求选择不同的展示内容，深入了解文物的历史和文化。在线展示还可以提供互动和参与的机会。观众可以与展览平台进行互动，参与到文物的讨论和研究中来。观众可以提出问题、发表评论，与其他观众进行交流和互动，增强了观众的参与感和体验感。

(四) 多媒体展示

多媒体展示是一种结合声音、视频等多种媒体形式，将文物的信息和故事展示给观众的展示方式。通过多媒体展示，文物可以以更加生动、直观的方式呈现，增强展示的趣味性和吸引力，使观众更加投入和享受展览。多媒体展示可以通过声音、视频等形式为观众提供更加直观的展示体验。观众可以观看文物的外观和特点，了解文物的历史和文化背景；通过声音，观众可以听到文物的故事和解说，加深对文物的理解和认识。这种多媒体形式的展示方式可以使观众更加全面地了解文物，增强展览的吸引力和教育性。

多媒体展示可以增加展示的趣味性和互动性。通过多媒体技术，展览可以设置一些互动环节，让观众参与其中，增强展览的趣味性和吸引力。观众可以通过触摸屏、声音识别等方式与展览进行互动，更加深入地了解文物，增强学习的效果和体验感。多媒体展示还可以提供更加丰富多样的展示内容。展览可以呈现文物的三维模型、动画等内容，为观众提供更加生动、直观的展示效果。观众可以通过多媒体展示，深入了解文物的内涵和价值，增强对文物的兴趣和理解。

第五章　可移动文物保护与社会参与

第一节　文物保护的社会参与模式

一、教育引导模式

通过教育和宣传活动,提高公众对可移动文物保护的认识和重视,培养社会公众的文物保护意识和责任感。通过举办讲座、展览、文物保护知识普及活动等方式,向公众传递文物保护的重要性和方法。

(一) 知识普及

文物保护是指对人类历史留下的各类可移动文物进行科学、系统的保护和管理,以确保其完整性、可持续性和可传承性。文物保护不仅是对过去文明的尊重和传承,也是对未来文明的贡献和保障。为了更好地传承和保护文物,我们需要通过各种途径向公众普及文物保护知识,增强公众对文物保护的认识和重视。通过专家学者的讲解,公众可以了解到文物保护的基本概念、原则和方法,以及文物保护的重要性和意义。例如,讲解文物的分类、保存、修复等知识,让公众了解到文物保护是一个综合性、系统性的工作,需要多方共同努力。

展览可以通过展示文物的历史背景、文化内涵、保护修复过程等内容,引起公众的兴趣和关注,增强他们对文物保护的认同感和责任感。展览还可以通过互动展示、多媒体展示等形式,让公众更加直观地了解文物保护工作的内容和意义,提高他们的文物保护意识[①]。在普及文物保护知识的过程中,还可以结合实际案例进行分析和讲解。通过分析文物遭受破坏的案例,让公众了解到文物保护工作的紧迫性和必要性,引发他们对文物保护的关注和支持。例如,可以讲解一些文物被盗、被损坏的案例,告诉公众这些行为对文物保护的危害,引导他们正确对待文物,珍惜文物。

(二) 历史故事

历史故事是文物保护教育中极具感染力和启发性的一环。每一件文物都承载着

---

① 陶冶. 关于青铜文物保护技术的应用和发展研究[J]. 文物鉴定与鉴赏,2021 (19):85-874.

丰富的历史故事和文化内涵，通过讲述这些历史故事，可以引起公众的兴趣和共鸣。文物背后的历史故事是一部部承载着人类文明发展历程的生动史书。比如，一件古代器物可能见证了某个历史事件的发生，一座古建筑可能承载着某个时代的风云变幻。可以让公众更加深入地了解历史文化，增强他们对文物保护的重视和热爱。

文物背后的历史故事还可以唤起公众的情感共鸣。历史故事中往往蕴含着人类的情感和思想，可以触动人们内心深处的共鸣。比如，一幅历史画作可能讲述了一段动人的故事，一件古代器物可能承载着某位历史人物的情感。历史故事中往往蕴含着许多未解之谜和未知之事，可以激发公众的求知欲望，促使他们更加主动地了解和保护文物。比如，一座古代建筑可能隐藏着许多神秘的传说，一件古代器物可能蕴含着许多未解之谜。可以引导公众主动学习和探索，增强他们对文物保护的热情和积极性。

（三）案例分析

文物遭受破坏的案例时有发生，这些案例往往引起社会的广泛关注和讨论。比如，近年来频频发生的文物被盗、被损坏的案例，给文物保护工作带来了严峻挑战。通过分析这些案例，可以让公众深刻地认识到文物保护工作的紧迫性和必要性。一些文物遭受破坏的案例还可以反映出文物保护工作存在的问题和不足之处。比如，文物保护管理不到位、监管力度不够等问题，导致文物容易被破坏和盗窃。可以让公众认识到文物保护工作存在的问题，引发他们对文物保护的思考和关注，促进文物保护工作的改进和提升。一些成功的文物保护案例也可以成为启示。可以让公众了解到文物保护工作取得的成果和进展，增强他们对文物保护的信心和支持。这些成功案例可以激励更多的人参与到文物保护工作中来，共同为文物保护事业做出贡献。

（四）参与体验

让公众参与文物保护活动，是一种有效的方式，可以增强他们对文物保护的了解。通过参与体验，公众可以亲身感受到文物保护工作的重要性和复杂性，从而更加积极地参与到文物保护工作中来。参与文物保护活动可以让公众了解到文物保护工作的具体内容和流程。比如，参与文物保护修复活动，可以让公众了解到文物修复的技术和方法，目睹文物修复的过程，增强他们对文物保护工作的了解。通过参与文物保护活动，公众可以了解到文物保护工作的复杂性和艰巨性，增强他们对文物保护工作的尊重和认同。

参与文物保护活动还可以增强公众对文物的情感认同。公众可以亲身感受到文物的珍贵价值和历史意义，增强他们对文物的情感认同和责任感。比如，参与文物保护活动，可以让公众亲自保护文物，亲身感受到保护文物的重要性和责任，增强他们对文物保护的认同和支持。参与文物保护活动还可以增强公众的参与意识和责任感。公众可以深刻认识到文物保护是一项需要全社会共同参与的事业，每个人都有责任保护好文物。

（五）宣传推广

宣传推广文物保护的理念和方法，是提高公众对文物保护认知和重视程度的重要途径。通过各种媒体和渠道的广泛宣传，从而更加关注和支持文物保护工作。利用传统媒体如电视、广播、报纸等，可以将文物保护的理念和方法传播给更广泛的受众群体。比如，通过电视节目和广播节目，可以向观众介绍文物保护的基本知识和技术，引发他们对文物保护的兴趣和关注。通过报纸和杂志，可以刊登文物保护相关的专栏和文章，增强公众对文物保护的认知和重视程度。

利用新媒体如互联网、社交媒体等，可以将文物保护的理念和方法传播给更广泛的网络用户。比如，通过建立文物保护的官方网站和社交媒体账号，可以向网友发布文物保护的最新资讯和活动信息，引发他们对文物保护的关注和参与。通过网络直播和短视频平台，可以展示文物保护的实际工作过程和成果，增强公众对文物保护的认知和支持。可以利用社区和学校等基层组织，开展文物保护的宣传教育活动，提高公众对文物保护的认知和重视程度。

二、志愿者参与模式

志愿者参与模式是一种重要的社会参与方式，可以有效地促进文物保护工作的开展。通过鼓励社会各界积极参与文物保护工作，建立文物志愿者队伍，可以让更多的人了解文物保护知识，成为文物保护的实际行动者和传播者。

（一）建立文物志愿者队伍

建立文物志愿者队伍是推动文物保护的重要途径。可以通过社区组织、学校等渠道招募志愿者，组建文物保护志愿者队伍。志愿者可以是文物爱好者、专业人士或普通市民，他们将成为文物保护的重要力量。通过建立文物志愿者队伍，可以有效地扩大文物保护的力量和范围。志愿者可以分为不同的专业组，比如文物保护组、文物修复组、文物监测组等，根据自己的兴趣和专业背景选择适合的工作内容。这样既能发挥志愿者的特长，又能保证文物保护工作的专业性和有效性。

建立文物志愿者队伍还可以促进社会各界对文物保护工作的认识和参与。通过志愿者的参与，可以让更多的人了解到文物保护的重要性和意义，增强他们对文物保护工作的认同感和责任感。志愿者可以成为文物保护的宣传者和传播者，在社会上形成良好的文物保护氛围。此外，建立文物志愿者队伍还可以促进文物保护工作的开展和发展。志愿者可以为文物保护工作提供更多的人力资源和智力支持，促进文物保护技术和方法的不断创新和完善。志愿者还可以参与到文物保护项目中，亲身体验文物保护工作的乐趣和挑战，增强对文物保护事业的热爱和坚持。

（二）参与文物保护、修复、监测等工作

参与文物保护、修复、监测等工作是文物志愿者发挥社会责任的重要方式，也是对历史文化遗产的珍视和传承的积极体现。他们的参与不仅丰富了文物保护领域的人才队伍，也为广大志愿者提供了实践参与的机会，促进了文化传承与保护工作的开展。在文物保护领域，文物志愿者扮演着不可或缺的角色，为文物保护事业注入了新的活力与希望。文物志愿者可以参与文物巡查工作，他们在专业人士的指导下，深入文物保护单位所在地的各个角落，对文物进行巡查和监测。通过及时发现文物存在的问题，志愿者可以及时采取相应的保护措施，确保文物的安全和完整性。文物巡查工作是文物保护的基础工作，文物志愿者的参与为巡查工作提供了有力支持。

文物志愿者还可以参与文物保护工程，包括文物修复、文物保护环境改善等。在文物修复方面，文物志愿者可以在专业修复人员的指导下，参与文物修复工作，为文物修复提供帮助。在文物保护环境改善方面，文物志愿者可以参与文物保护环境的改善工作，为文物提供一个更好的保护环境。文物志愿者还可以参与文物监测工作。文物监测是文物保护的重要手段，可以及时发现文物存在的问题。文物志愿者可以参与文物监测工作，为文物的保护提供数据支持，保障文物的安全。

（三）培训和教育

为确保文物志愿者的专业水平和实践能力得到有效提升，必须为他们提供系统的培训和教育。首先，可以组织文物保护知识培训班，内容涵盖文物保护的基本概念、原则、方法和技术，让志愿者全面了解文物保护工作的重要性和复杂性。其次，可以组织实践活动，让志愿者亲自参与文物保护工作，实践所学知识和技能，提高实际操作能力。这些培训和教育活动不仅可以提高文物志愿者的专业水平，还可以增强他们对文物保护事业的认同感和责任感。

在培训和教育过程中，要根据文物志愿者的实际情况和需求，制定个性化的培训计划，注重培养其实践能力和团队合作意识。此外，还可以邀请专业人士和学者

开展讲座和指导，分享他们在文物保护领域的经验和见解，激发志愿者学习的兴趣和热情。培训和教育活动还可以结合实际案例分析和讨论，让志愿者深入了解文物保护工作中的挑战和解决方法，提高其应对复杂情况的能力。为了提高培训和教育的效果，可以利用现代化的教育技术和手段，如网络课程、虚拟实验室等，丰富培训形式，提高学习的趣味性和互动性。同时，还应不断完善培训评估机制，及时收集反馈意见，调整和优化培训方案，确保培训和教育活动能够有效地提高文物志愿者的专业水平和实践能力。

（四）成为文物保护的实际行动者和传播者

成为文物保护的实际行动者是文物志愿者的重要角色。他们可以通过参与文物保护项目和活动，为文物的保护和传承贡献自己的力量。在实际工作中，文物志愿者可以亲身体验到文物保护工作的重要性和复杂性，深入了解文物保护的技术和方法，提高自己的专业水平和实践能力。通过实际行动，文物志愿者可以成为文物保护的生力军，为保护和传承文化遗产做出积极贡献。

除了成为实际行动者，文物志愿者还可以成为文物保护理念和方法的传播者。他们可以通过各种途径，如社区活动、宣传推广等，向公众传播文物保护的重要性和意义，提高社会对文物保护工作的关注和支持度。文物志愿者可以利用自己的专业知识和经验，向公众介绍文物保护的技术和方法，引导大家正确对待和尊重文物，共同维护文化遗产的完整性和延续性。通过传播文物保护理念和方法，文物志愿者可以扩大文物保护的影响力。

（五）建立志愿者奖励机制

建立志愿者奖励机制是激励志愿者参与文物保护工作的重要举措。通过建立奖励机制，可以及时表彰和奖励那些在文物保护工作中表现突出的志愿者，激励他们继续投入文物保护事业中，同时也可以吸引更多的人参与到文物保护工作中来。志愿者奖励机制不仅可以提高志愿者的积极性和参与热情，还可以促进文物保护工作的开展，为文物的保护和传承提供更多的支持和帮助。建立志愿者奖励机制可以树立榜样，激励更多的人积极参与文物保护工作。对那些在文物保护工作中表现突出的志愿者进行奖励和表彰，可以树立他们的榜样作用，激发其他志愿者的学习和进步动力，形成良好的学习氛围和工作氛围，推动文物保护工作的深入开展。

建立志愿者奖励机制可以提高志愿者的参与积极性和工作效率。志愿者在文物保护工作中付出了大量的时间和精力，如果能够得到一定的奖励和认可，他们将会更加积极地投入工作中，提高工作效率和工作质量，推动文物保护工作取得更好的成绩。建立志愿者奖励机制还可以促进文物保护事业的发展。通过奖励机制，可以吸引更多的人参与到文物保护工作中来，扩大志愿者队伍，增强文物保护事业的力量和影响力，推动文物保护事业的不断发展和壮大，为文物的保护和传承提供更加坚实的基础和保障。

三、专业机构支持模式

专业机构支持模式是吸引和整合各类专业机构、团体参与文物保护的重要方式，包括文物保护研究机构、文物鉴定机构、文物修复机构等。这些专业机构能够为文物保护提供专业支持和技术保障，推动文物保护工作的深入开展和提高保护效果。

(一) 文物保护研究机构的支持

文物保护研究机构是支持文物保护工作的重要力量。这些机构在文物保护理论和技术方面具有丰富的经验和专业知识，能够为文物保护工作提供技术指导，推动文物保护工作的创新和发展，提高文物保护的水平和效果。文物保护研究机构可以开展文物保护技术研究，不断探索文物保护的新理论、新方法和新技术。他们可以通过实验研究和实践探索，解决文物保护工作中的技术难题。例如，研究如何利用先进的科技手段对文物进行非破坏性检测和分析，如何利用数字化技术进行文物的数字化保护和展示等。

文物保护研究机构可以对文物进行科学评估和鉴定。他们可以通过对文物的材质、工艺和历史背景等方面进行研究，确定文物的真伪、价值和年代，为文物的保护和传承提供重要参考。例如，对于古建筑的保护，可以通过对建筑结构、材料和施工工艺等方面进行研究，确定保护和修复方案，确保文物的保护和传承。文物保护研究机构还可以开展文物保护理论研究，推动文物保护工作的理论创新。他们可以通过对文物保护的理论基础、原则和方法进行研究，为文物保护工作提供科学的理论支持，指导文物保护工作的实践。例如，研究文物保护的基本原则和方法论，提出适合中国国情的文物保护理论体系，推动文物保护工作的规范化和科学化发展。

(二) 文物鉴定机构的支持

文物鉴定机构在文物保护工作中发挥着重要作用。这些机构能够对文物的真伪、价值、年代等进行鉴定，为文物保护工作提供重要参考。他们通过对文物的科学鉴定，可以确定文物的真实性和历史价值，指导文物的保护和修复工作。通过对文物的材质、工艺、风格等方面进行分析和比对，确定文物的真实性，防止假冒伪劣的文物流入市场，保护文物的合法权益。例如，对于古代青铜器的鉴定，可以通过对器物的形制、铭文、纹饰等进行分析，确定其真伪，为文物的保护和传承提供科学依据。

文物鉴定机构可以对文物的历史价值进行鉴定。通过对文物的历史背景、制作工艺、用途等方面进行研究和比较，可以确定文物的历史价值，为文物的保护和修复提供指导。例如，对于古代书画作品的鉴定，可以通过对作品的题跋、款识、风格等进行分析，确定其作者和年代。文物鉴定机构还可以对文物的年代进行鉴定。通过对文物的器物形制、纹饰风格、材质特征等进行研究和比对，可以确定文物的年代。例如，对于古代陶器的鉴定，可以通过对器物的造型、纹饰、釉色等进行分析，确定其年代和地域特征。

(三) 文物修复机构的支持

文物修复机构是文物保护工作中不可或缺的重要组成部分。这些机构具有专业的文物修复技术和设备，能够对文物进行科学的修复，保护文物的完整性和原始性。他们可以根据文物的材质和损坏情况，制定修复方案，进行细致的修复工作，保护文物的品质和价值。文物修复机构可以根据文物的材质和损坏情况，制定科学合理的修复方案。通过对文物的材质、损坏类型、历史价值等进行分析和评估，可以确定修复方案的具体内容和步骤，确保修复工作符合文物保护的原则和要求。例如，对于古代陶器的修复，可以根据陶器的破损程度和材质特性，选择合适的修复材料和方法，以保证修复后的陶器完整和原始。

文物修复机构可以进行细致的修复工作。他们通过对文物进行仔细的清洁、补缺、固定等修复工作，恢复文物原有的外观和结构。修复工作需要经过精细的操作和反复的检查，确保修复效果符合文物保护的要求，不会破坏文物的历史特征和审美价值。文物修复机构还可以提供文物修复技术和经验的培训，推动文物修复工作的专业化和规范化发展。他们可以组织文物修复技术和方法的培训班、研讨会等活动，培养和引导更多的专业修复人才，提高修复工作的水平和质量。

(四) 其他专业机构的支持

除了文物保护研究机构、文物鉴定机构和文物修复机构之外，还有许多其他专业机构和团体可以参与文物保护工作，为文物保护提供多样化的支持和帮助。这些机构包括文物保护监测机构、文物保护教育机构等，它们可以从不同角度和领域参与文物保护工作，为文物保护提供专业支持和技术保障。文物保护监测机构是重要的支持机构。它们可以利用先进的监测设备和技术，对文物的环境、保护状况等进行实时监测和评估，及时发现文物存在的问题和风险，为文物的保护和管理提供科学依据和技术支持。例如，可以利用温湿度监测设备对文物存放环境进行监测，保证文物处于适宜的环境条件下，防止文物受到湿度、温度等因素的损害。

文物保护教育机构也是重要的支持力量。它们可以开展文物保护知识普及和教育培训活动，提高公众对文物保护工作的认识和理解，增强文物保护意识和责任感。通过举办讲座、展览、培训班等活动，可以向公众介绍文物保护的基本知识和原则，促进文物保护事业的开展。此外，还有一些专业机构和团体可以通过文物保护项目和活动参与文物保护工作，为文物保护提供支持和帮助。例如，一些志愿者组织、非政府组织等可以组织志愿者参与文物保护项目，为文物的保护和修复提供人力支持；一些企业和基金会可以提供资金和资源支持，推动文物保护工作的开展。这些机构和团体都可以通过各自的方式和渠道参与文物保护工作。

四、政府引导模式

政府在文物保护工作中发挥引导和组织作用，通过出台政策、制定法律法规、加强监管等方式，引导社会各界参与文物保护。

（一）出台政策和规划

政府在文物保护工作中发挥着至关重要的作用，其中，出台政策和规划是其支持文物保护的重要手段之一。政府可以通过制定相关法律法规和规划文件，明确文物保护的重要性和发展方向，为文物保护工作提供政策支持和指导。政府可以通过制定文物保护法规，明确文物的保护范围和保护措施。文物保护法规是文物保护的法律基础，它规定了文物的保护对象、保护原则、保护措施等内容，为文物保护工作提供了明确的法律依据。例如，我国的《中华人民共和国文物保护法》规定了文物的保护范围包括建筑、古迹、遗址、石窟、石刻、壁画、古代书画、古代印刷品等，同时规定了文物的保护原则和保护措施，为文物保护工作提供了具体的法律规定和指导。

政府可以通过制定文物保护规划，明确文物保护的发展方向和目标。文物保护规划是指导文物保护工作的长期规划和发展蓝图，它明确了文物保护的发展目标、重点任务、保护措施等内容，为文物保护工作的开展提供了指导和保障。例如，政府可以制定文物保护规划，明确各地区文物保护的重点领域和重点项目，推动文物保护工作的有序开展。

（二）加强监管和执法

政府加强监管和执法是保障文物保护工作顺利进行的重要举措。通过加强对文物保护单位和从业人员的监督检查力度，及时发现和解决文物保护工作中存在的问题和隐患，确保文物保护工作的有效开展。政府可以加大对文物保护单位的监督检查力度。文物保护单位包括博物馆、文物保护单位、文物修复机构等，这些单位承担着文物保护和管理的重要责任。政府可以通过定期检查和抽查等方式，对文物保护单位的工作情况进行监督检查，发现问题及时纠正，确保文物保护工作按照法律法规和相关规定进行。

文物保护工作涉及众多从业人员，包括文物保护专家、文物修复工程师、文物保护管理人员等。政府可以通过资质认定、考核评价等方式，对从业人员的专业能力和工作表现进行监督检查，确保从业人员具备良好的职业素养和专业水平，保障文物保护工作的质量和效果。政府可以加强文物保护工作的执法力度。文物保护是一项涉及法律法规的工作，政府可以通过制定严格的执法措施和处罚制度，对违法违规行为进行惩处，形成文物保护的法治环境，提高文物保护工作的规范化和效果化水平。

(三) 建立文物保护基金

建立文物保护基金是政府的一项重要举措。这种基金可以通过向社会征集捐款和资助，为文物保护工作提供资金支持，推动文物保护事业的开展。建立文物保护基金可以为文物保护工作提供持续稳定的资金支持。文物保护工作需要大量的资金投入，包括文物修复、文物保护设施建设、文物保护知识普及等方面。建立文物保护基金可以确保这些资金的持续性和稳定性，为文物保护工作提供坚实的财务基础。

文物保护是全社会的责任，需要社会各界的共同参与和支持。建立文物保护基金可以通过向社会征集捐款和资助，引导和激励更多的人参与文物保护事业，形成全社会共同关注和支持文物保护工作的良好氛围。建立文物保护基金还可以提高文物保护工作的透明度和效率。基金的建立需要建立健全的管理制度和监督机制，确保基金的使用符合规定，提高资金使用的效率和透明度，促进文物保护工作的科学规范开展。

(四) 加强国际合作

政府加强与国际组织和其他国家的合作，是提升文物保护水平和效果的重要举措。不同国家和地区在文物保护方面有着丰富的经验和技术，通过与它们的合作，可以学习和借鉴其先进经验和技术，提高我国文物保护工作的水平和效果。例如，可以开展文物保护项目和交流活动，邀请国际专家来华进行文物保护工作指导，同时我国专家也可以到国外参与文物保护项目，共同推动文物保护工作的进步。

国际合作可以促进文物保护项目的资金、技术和人才等资源的共享和交流，为文物保护工作提供更多的支持和帮助。例如，可以与国际组织合作开展文物保护项目，争取项目资金和技术支持，同时也可以通过国际合作拓展人才培训和科研合作等渠道，促进文物保护工作的全面发展。加强国际合作还可以提升我国文物保护在国际上的声誉和地位。通过与国际组织和其他国家的合作，可以向国际社会展示我国在文物保护方面的成就和贡献，提升我国在国际文物保护领域的影响力和地位，为推动全球文物保护事业的发展做出更大的贡献。

（五）倡导文物保护意识

政府可以通过宣传教育等方式，倡导公民尊重和保护文物的意识。通过举办文物保护主题的宣传活动、展览等，提高公众对文物保护的认识和重视程度，促进社会各界参与文物保护工作。政府可以利用各种宣传渠道，如电视、广播、互联网等，开展文物保护宣传活动。通过制作宣传片、专题节目等形式，向公众普及文物保护知识和法律法规，引导公众尊重和保护文物，营造尊重历史、珍惜文物的社会氛围。

政府可以举办文物保护主题的展览和展示活动。通过展览展示珍贵文物和文物保护的成果，让公众了解文物的历史价值和保护意义，增强公众对文物保护的认同感和责任感，促进公众参与文物保护工作。政府还可以开展文物保护主题的教育活动。在学校和社区开展文物保护知识的讲座、培训等活动，向青少年和社区居民普及文物保护知识，培养他们的文物保护意识和责任感，为未来的文物保护工作打下良好的基础。

五、社会组织合作模式

建立文物保护的跨界合作机制，促进文物保护工作的协调开展是十分重要的。社会组织合作模式可以与学校、企业、社区等建立合作关系。

（一）与学校合作

与学校合作，可以通过多种形式开展文物保护主题的教育活动，例如举办讲座、展览等，以此提高学生对文物保护的认识和重视程度。这种合作不仅可以拓展学生的知识面，还可以培养他们对历史文化的尊重和保护意识，从而为未来的文物保护事业培养更多的关注者和支持者。此外，学校还可以通过课程设置和专业培训，向学生提供相关专业知识和人才支持，为文物保护工作提供更为全面和深入的支持。

开展文物保护主题的教育活动，可以帮助学生了解文物保护的重要性和意义，引导他们树立正确的历史文化观念和价值观。通过参与讲座、展览等活动，学生可以亲身感受到文物的魅力。这种教育方式不仅可以提高学生的历史文化素养，还可以培养他们的社会责任感和文化自信心，从而为文物保护工作的开展提供有力支持。

学校作为文化传承和教育的重要场所，拥有丰富的教育资源和专业教师队伍。通过与学校合作，可以充分利用这些资源，开展多样化的文物保护教育活动。学校可以邀请文物保护专家和学者来校园开展讲座，组织学生参观文物保护展览，还可以开设相关课程，培养学生的文物保护意识和专业知识。同时，学校还可以组织学生参与文物保护实践活动，让他们亲身感受文物保护工作的重要性和复杂性，从而激发他们对文物保护事业的兴趣和热情。

除了教育活动，学校还可以为文物保护工作提供人才支持。学校拥有众多专业教师和研究人员，他们可以为文物保护提供专业知识和技术支持。学校可以开设文物保护相关专业课程，培养更多的文物保护专业人才，为文物保护工作的开展提供人才支持。同时，学校还可以积极参与文物保护项目，为文物保护工作提供实践机会和人才培养平台，从而推动文物保护事业的发展。

(二) 与企业合作

与企业合作，可以通过多种方式共同推动文物保护工作，包括赞助文物保护项目、提供技术支持等。企业作为社会的重要组成部分，拥有丰富的资源和影响力，可以为文物保护事业的发展提供重要支持。企业可以通过赞助文物保护项目来支持文物保护工作。企业可以向文物保护机构或项目提供资金支持，用于文物修复、保护设施建设等方面。这种赞助不仅可以帮助文物保护机构解决资金短缺问题，还可以提高企业在社会中的形象和声誉，树立企业社会责任形象。除了资金赞助，企业还可以通过提供技术支持来推动文物保护工作。企业通常拥有先进的技术设备和专业的技术人才，可以为文物保护提供技术支持，如数字化技术在文物保护中的应用、文物保护材料的研发等。

企业的技术支持可以帮助提升文物保护工作的效率和水平。与企业合作可以帮助提高社会对文物保护的关注度。企业在社会中拥有较高的知名度和影响力，可以通过自身的宣传渠道和资源平台，向社会传播文物保护的重要性和意义，引导更多的人关注并参与到文物保护工作中来。企业的参与可以帮助扩大文物保护的影响力。企业还可以通过开展文物保护相关的公益活动来提高社会对文物保护的认知和重视程度。企业可以组织员工参与文物保护志愿活动，提高员工对文物保护的关注度和参与度。企业还可以利用自身的资源和平台，开展文物保护宣传活动，向社会传递文物保护的理念和价值观，促进社会对文物保护的认同和支持。

(三) 与社区合作

社区是文物保护的重要组成部分，它不仅是文化传承的载体，更是文物保护的基础和动力源泉。社区合作可以通过多种形式展开，其中包括开展志愿者活动、组织文物保护宣传等方式，这些活动可以有效地动员社区居民参与文物保护工作，增强公众对文物保护的认识和参与度，从而更好地保护和传承文物。通过开展志愿者活动，可以有效地动员社区居民参与文物保护工作。志愿者是文物保护的重要力量，他们可以通过参与文物保护巡查、宣传教育、文物修复等活动，为文物保护事业贡献自己的一份力量。同时，志愿者活动也可以增强社区居民的文物保护意识，使他们更加重视和关注文物保护工作。

通过组织文物保护知识讲座、展览等活动，可以向社区居民普及文物保护知识，增强他们的文物保护意识。此外，还可以通过组织文物保护义演、文艺表演等形式，将文物保护与社区文化生活相结合，增强社区居民的文物保护参与度。社区合作不仅可以增强社区居民对文物保护的认识和参与度，更可以促进社区文化的传承和发展。社区是文化传承的重要环节，通过与社区合作，可以更好地传承和保护文化遗产，促进社区文化的传承和发展。因此，加强与社区的合作，积极开展各种形式的文物保护活动，不仅有利于提升社区文化软实力，更有利于促进社区居民的文化自信和认同感，推动社区文化的繁荣和发展。

(四) 与政府合作

与政府合作是文物保护工作的基础。政府在文物保护中扮演着重要角色，其政策支持、资源保障等方面的支持至关重要。通过与政府合作，可以更好地促进文物保护工作的顺利开展，实现文物保护的长远目标。政府是文物保护的主体，其政策支持至关重要。政府可以通过出台相关法律法规，加强对文物保护的监督管理，为文物保护提供法律依据和政策支持。同时，政府还可以通过制定文物保护规划，统筹规划和管理文物保护工作，为文物保护工作的有序开展提供指导和支持。

政府在文物保护中的资源保障作用不可忽视。政府可以通过拨款、设立专项基金等方式，为文物保护提供资金支持，保障文物保护工作的顺利开展。同时，政府还可以通过加强人才培养、提供技术支持等方式，为文物保护工作提供技术和人才支持，提升文物保护工作的效率和水平。政府在文物保护中的宣传推广作用也十分重要。政府可以通过组织文物保护宣传活动、开展文物保护知识普及等方式，增强公众对文物保护的认识和重视，提高文物保护的社会声誉和影响力。

六、经济支持模式

为社会各界参与文物保护提供经济支持和激励措施,鼓励企业、个人捐赠资金或提供物资支持,共同为文物保护事业贡献力量。

(一) 税收优惠政策

在文物保护事业中,税收优惠政策是一种非常有效的鼓励方式。政府可以通过给予企业和个人捐赠文物保护的资金或物资以及参与文物保护项目的税收优惠政策,来鼓励更多人积极参与文物保护。这种方式不仅可以有效减轻捐赠者的税收负担,还可以增加捐赠的积极性。税收优惠政策可以提高企业和个人参与文物保护的积极性。在现实生活中,税收是企业和个人经济活动中不可避免的成本之一。如果政府给予捐赠者相应的税收优惠政策,可以有效降低捐赠的成本,从而提高企业和个人参与文物保护的积极性。

税收优惠政策可以促进社会各界更广泛地参与文物保护。文物保护是一个需要社会各界共同参与的事业,而税收优惠政策可以让更多的人参与到文物保护中。通过这种方式,可以形成社会各界共同参与文物保护的良好氛围。税收优惠政策还可以提高文物保护事业的社会认可度和影响力。通过给予捐赠者税收优惠,可以让更多的人关注和重视文物保护事业,提高文物保护事业在社会中的地位和作用。这对于推动文物保护事业的长远发展具有积极的意义。

(二) 设立捐赠基金

设立专门的文物保护捐赠基金是一种有效的筹集资金支持文物保护的方式。政府或相关机构可以通过设立这样的基金,接受社会各界的捐赠,并将捐赠资金用于支持文物保护项目。这种方式可以提高捐赠者的捐赠积极性,同时也可以更好地管理和利用捐赠资金。设立捐赠基金可以提高捐赠者的捐赠积极性。有了专门的捐赠基金,捐赠者可以更加明确地知道自己的捐赠资金将会被用于何种文物保护项目,并可以更加放心地将资金捐赠出去。这种方式可以提高捐赠者的信心和积极性,促进更多人参与到文物保护事业中。

政府或相关机构可以更加规范地管理捐赠资金的使用,确保资金被用于最需要的文物保护项目上。同时,也可以更加透明地向社会公布捐赠基金的使用情况,增强社会对捐赠基金的信任和支持。设立捐赠基金还可以促进社会各界更广泛地参与文物保护。

(三) 公开募捐活动

公开募捐活动是一种有效的筹集资金支持文物保护的方式。通过组织公开募捐活动，可以向社会各界广泛征集捐赠资金或物资，动员更多人参与文物保护，提高社会对文物保护的关注度。公开募捐活动可以扩大文物保护的参与范围。通过公开募捐活动，可以向社会各界广泛宣传文物保护的重要性，吸引更多人参与到文物保护中来。公开募捐活动可以提高社会对文物保护的关注度。可以向社会各界展示文物保护工作的成果和需求，引起社会各界的关注和重视。这种方式可以提高社会对文物保护的关注度，增强社会对文物保护事业的支持和认可。公开募捐活动还可以促进社会各界更加积极地参与到文物保护中。可以让更多人了解到文物保护的需求和困难，从而激发更多人参与到文物保护中的积极性。

(四) 设立奖励机制

建立文物保护的奖励机制是激励社会各界积极参与文物保护的有效途径。通过对积极参与文物保护的企业和个人给予一定的奖励或荣誉称号，可以增强他们参与文物保护的积极性，同时也可以提高社会对文物保护的关注度。人们普遍喜欢被认可和奖励，可以激励更多人积极参与到文物保护中。对于那些积极参与文物保护的企业和个人，给予适当的奖励或荣誉称号，可以增强他们的参与意愿，提高文物保护的效果。

建立奖励机制可以提高社会对文物保护的关注度。通过对参与文物保护的企业和个人进行表彰和奖励，可以引起社会各界的关注和重视，增强社会对文物保护的认同感和支持力度。这种方式可以提高社会对文物保护事业的关注度，为文物保护事业的发展创造良好的社会氛围。建立奖励机制还可以促进文物保护事业的不断发展。通过奖励那些在文物保护中取得突出成绩的企业和个人，可以激发更多人的参与热情，推动文物保护事业的不断创新和发展。这种方式可以促进文物保护事业的不断提升，为文物保护事业的长远发展奠定良好基础。

(五) 合作项目投资

合作项目投资是一种有效的文物保护方式，通过企业与文物保护机构合作，共同开展文物保护项目，并投入一定的资金和物资支持，履行企业社会责任，提高文物保护项目的实施效果，促进文物保护事业的可持续发展。企业作为社会的一员，承担着一定的社会责任。通过与文物保护机构合作开展文物保护项目，并投入资金和物资支持，可以实现企业在文物保护方面的社会责任，树立企业良好的社会形象，增强企业的社会认同感和影响力。

企业与文物保护机构合作，可以充分发挥各自的优势，共同制定科学合理的文物保护方案，提高文物保护项目的实施效果。企业的投入不仅可以带来资金和物资支持，还可以提供技术和管理经验，促进文物保护项目的顺利实施。合作项目投资还可以促进文物保护事业的可持续发展。通过企业与文物保护机构的长期合作，可以形成稳定的合作机制，促进文物保护事业的不断发展。这种方式可以为文物保护事业的可持续发展奠定良好基础，推动文物保护事业的长远发展。

七、信息共享模式

建立文物保护信息共享模式是促进文物保护的重要途径，通过建立文物保护信息共享平台，可以促进文物保护相关信息的交流和共享，提高社会各界对文物保护工作的了解和参与度。

（一）促进信息交流和共享

促进信息交流和共享是建立文物保护信息共享平台的重要目标。这一平台将成为各地文物保护机构、专家学者、志愿者等分享研究成果、实践经验和保护技术的重要渠道，促进文物保护工作的互通有无。文物保护是一个涉及多方面知识和技术的领域，各地文物保护机构、专家学者和从业人员在文物保护工作中积累了大量的宝贵经验和技术。然而，由于信息传播的局限性，这些宝贵的经验和技术往往无法得到充分的分享和传播。建立文物保护信息共享平台可以打破信息孤岛，将各地的经验和技术集中起来，形成一个共享的平台，为文物保护工作提供更广阔的视野和更丰富的资源。

通过文物保护信息共享平台，各地文物保护机构可以及时了解到其他地区文物保护工作的最新进展和成果，借鉴其他地区的成功经验和先进技术，提高自身的文物保护水平。同时，平台也为专家学者和从业人员提供了一个交流和学习的平台，促进文物保护领域的学术交流和人才培养。此外，文物保护信息共享平台还可以促进各方资源的整合和共享。各地文物保护机构可以通过平台共享设备、人力和财力等资源，提高资源利用效率，降低成本，推动文物保护工作的可持续发展。

（二）提高社会参与度

通过向公众传播文物保护知识，增强社会对文物保护工作的了解和认同，可以激发公众参与文物保护的热情。信息共享平台可以向公众传播文物保护知识。公众对于文物保护工作的了解往往比较有限，通过信息共享平台，可以向公众介绍文物保护的重要性、意义、方法和成果，增强公众对文物保护工作的认知和理解。这种知识的传播可以提高公众对文物保护工作的关注度，为公众参与文物保护工作打下良好的基础。

信息共享平台可以增强社会对文物保护工作的认同。文物保护是一项涉及全社会的工作，需要社会各界的支持和参与。可以向社会传递文物保护工作的重要性和紧迫性，增强社会对文物保护工作的认同感，为文物保护工作的开展营造良好的社会氛围。信息共享平台可以激发公众参与文物保护的热情。通过向公众展示文物保护工作的成果和效果，可以激发公众对文物保护的兴趣和热情，促使他们积极参与到文物保护事业中来。公众的参与不仅可以增加文物保护工作的力量，还可以提高文物保护工作的效率和质量。

（三）支持决策制定

建立文物保护信息共享平台可以为政府部门和决策者提供专业的文物保护信息和数据支持，有助于制定科学合理的文物保护政策和规划。信息共享平台可以提供全面的文物保护信息和数据。政府部门和决策者可以通过平台了解各地文物保护工作的最新进展和成果，掌握文物保护领域的前沿知识和技术，为制定文物保护政策和规划提供科学依据和参考。信息共享平台可以促进政府部门和决策者之间的沟通与合作。政府部门和决策者可以通过平台共享信息和意见，协商解决文物保护工作中的重大问题和矛盾，形成合力推动文物保护事业的共识和决策。

信息共享平台可以提高决策的科学性和准确性。政府部门和决策者可以通过平台获取大量的文物保护信息和数据，进行深入分析和研究，制定科学合理的文物保护政策和规划。信息共享平台可以促进政府部门和决策者与社会各界的互动与合作。政府部门和决策者可以通过平台了解社会各界对文物保护工作的需求和期望，积极吸纳社会各界的意见和建议，推动文物保护事业更加贴近社会需求和实际情况。

（四）促进跨部门合作

建立文物保护信息共享平台有助于促进不同部门之间的信息共享和合作。文物保护涉及多个领域和部门，信息共享平台可以促进各部门之间的沟通与合作，提高文物保护工作的协同效率。信息共享平台可以促进文物保护相关部门之间的信息共享。文物保护涉及文化、教育、科技、旅游等多个领域，各部门都有一定的信息资源。这些部门可以将自己的信息资源共享出来，实现信息的互通共享，避免信息孤岛，提高文物保护工作的整体效率。

不同部门之间需要密切合作，共同制定政策、规划和措施，共同推动文物保护工作的开展。各部门可以了解到其他部门的工作进展和需求,更好地协调合作,实现资源共享、信息共享。信息共享平台可以促进跨地区之间的合作。文物保护是一个区域性强、系统性强的工作,需要各地区之间密切合作,共同保护好各自的文物资源。各地区可以了解到其他地区的文物保护情况,学习借鉴其他地区的经验和做法,促进跨地区之间的合作。

(五)强化监督与评估

建立文物保护信息共享平台可以为文物保护工作提供监督与评估的平台。公众可以通过平台了解文物保护项目的进展和效果,监督文物保护工作的执行情况,同时也为文物保护工作的评估提供数据支持。信息共享平台可以增强文物保护工作的透明度和公开性。公众可以通过平台了解到文物保护工作的最新进展和成果,促使相关部门和机构更加重视文物保护工作,提高工作的质量和效率。

信息共享平台可以为文物保护工作的评估提供数据支持。通过平台收集和整理文物保护工作的相关数据和信息,可以为文物保护工作的评估提供客观的数据支持,为评估工作的开展提供参考依据,推动文物保护工作的科学发展。信息共享平台可以促进文物保护工作的改进和提高。通过公众的监督和评估,可以发现文物保护工作中存在的问题和不足之处,提高文物保护工作的质量和水平。

第二节 文物保护志愿者与组织

可移动文物保护志愿者和组织在文化遗产保护中扮演着重要角色,他们通过自愿行动和组织协作,共同致力于保护和传承人类珍贵的文化遗产。

一、可移动文物保护志愿者

(一)协助保护工作

志愿者在可移动文物保护工作中扮演着重要角色,他们可以参与文物的清理、整理、修复等工作,协助保护人员完成各项任务。志愿者可以参与文物的清理工作。文物在长时间存放或遭受自然环境影响后,可能会积累灰尘、污垢等杂质,需要进行清理。志愿者可以利用专业工具和设备,对文物进行细致的清洁工作,以保持文物表面的清洁和光亮。文物整理是对文物进行分类、编号、记录等工作,目的是方便文物管理和研究。志愿者可以协助保护人员对文物进行整理,以保证文物的完整性和准确性。

文物在经过长时间保存后,可能会出现破损、腐蚀等情况,需要进行修复和保护。志愿者可以学习修复技术,参与文物的修复工作,使文物恢复原有的形态和功能。志愿者还可以参与文物的保护环境管理工作。文物的保存环境对文物的保护非常重要,志愿者可以参与文物保存环境的监测和调控工作,保证文物的安全保存。

(二)宣传与教育

文物保护是一项重要的文化事业,而公众的参与和支持至关重要。志愿者在宣传与教育方面发挥着不可替代的作用。他们可以利用各种形式的宣传活动,如展览、讲座、文化节等,向公众普及文物保护的知识和重要性。通过展示珍贵文物的历史价值和文化意义,引导人们正确对待文物,增强文物保护的自觉性和主动性。志愿者还可以利用现代科技手段,如网络、社交媒体等,开展文物保护的宣传工作。通过在网络上发布文物保护的信息和教育内容,吸引更多的人关注和参与文物保护事业。同时,还可以利用虚拟现实技术,进一步增强他们的文物保护意识。志愿者还可以开展文物保护主题的教育活动,如组织学生参观文物馆、举办文物保护知识竞赛等,培养青少年对文物保护的兴趣和热爱。让更多的人了解文物保护的重要性,树立正确的文物保护观念,形成全社会共同关心、支持文物保护的氛围。

(三)监督与反馈

志愿者不仅可以参与执行工作,还可以担任监督者的角色,并及时反馈问题和建议,以确保文物保护工作的顺利进行。志愿者可以通过定期巡视文物保护单位,检查文物保护设施的运行情况,及时发现并解决存在的问题。同时,还可以组织志愿者团队,开展文物保护宣传和监督活动,提高公众对文物保护工作的关注度和监督力度。

通过实时监控文物保护区域的情况,及时发现异常情况并采取措施,确保文物的安全[1]。同时,还可以利用信息化技术,建立文物保护工作的监督反馈平台,让志愿者和公众可以随时随地反馈文物保护工作中存在的问题和建议,提高监督的及时性和有效性。志愿者还可以参与文物保护工作的评估和评估工作。通过组织专家评审团队,对文物保护工作进行定期评估,及时发现问题并提出改进意见。同时,对文物保护单位的文物保护工作进行评估,提高评估的全面性和客观性。

---

[1] 陆宗润. 书画修复理论[M]. 北京:高等教育出版社,2020.

(四) 社区动员

社区动员是文物保护工作中不可或缺的一环，而志愿者在社区动员方面发挥着重要作用。志愿者可以利用自己的社区资源和人脉，在社区内开展文物保护宣传和教育活动，向居民普及文物保护的知识和重要性。通过举办讲座、展览、体验活动等形式，引导居民关注和了解文物保护工作，激发他们参与文物保护的热情。

志愿者可以组织社区文物保护志愿者团队，开展文物保护实践活动。通过组织文物保护志愿者团队参与文物保护单位的日常工作，如巡视、清理、修缮等，让居民亲身体验文物保护工作的魅力，增强他们的参与意识和责任感。志愿者还可以组织社区文化活动，如文物展览、文化节日等，以文物保护为主题，吸引更多的居民参与其中。通过这些活动，不仅可以增强居民对文物保护的认识和重视，还可以促进社区文化建设，营造良好的社区文化氛围。

二、可移动文物保护组织

(一) 培训与指导

为了提升志愿者在文物保护方面的水平和能力，组织可以开展专业培训和技能指导。组织可以邀请专业的文物保护人员或机构，为志愿者提供系统的文物保护理论培训。这种培训可以涵盖文物保护的基本概念、原则、方法和技术等内容，帮助志愿者建立起系统的文物保护知识体系，提高其对文物保护工作的认知水平。组织可以组织志愿者参与实际的文物保护工作，并提供专业的技能指导。通过实践活动，志愿者可以将理论知识应用到实际操作中，提高其文物保护的实际操作能力。同时，专业的技能指导可以帮助志愿者掌握文物保护工作中的关键技术和方法，提高其处理文物保护问题的能力。组织还可以为志愿者提供学习交流的平台，促进志愿者之间的经验分享和学习。通过定期组织学习交流活动，志愿者可以了解到不同地区、不同单位的文物保护工作经验和做法，从而拓展自己的视野，提高文物保护工作的水平和质量。

(二) 资源支持

为了保障志愿者的工作开展，组织可以提供必要的资源支持，包括经费、设备、材料等。组织可以为志愿者提供必要的经费支持，用于开展文物保护工作所需的费用，如巡视、清理、修缮等。经费支持可以帮助志愿者顺利开展文物保护工作，提高工作效率和质量。组织可以提供必要的设备支持，如文物保护工具、保护设备等。

这些设备可以帮助志愿者更好地开展文物保护工作。同时，组织还可以提供必要的技术支持，如文物保护技术培训、技术指导等，帮助志愿者提升文物保护技术水平。组织还可以提供必要的材料支持，如文物保护材料、保护用品等。这些材料可以帮助志愿者更好地保护文物，保护文物的历史价值和文化意义。同时，组织还可以提供必要的场地支持，如文物保护工作场所、展示场所等，为志愿者开展文物保护工作提供便利条件。

（三）协调与管理

为了提高文物保护志愿者的工作效率，组织可以通过协调与管理来合理分配任务和安排工作。组织可以根据志愿者的专业背景、技能水平和兴趣爱好，合理分配文物保护工作任务。通过科学的任务分配，可以充分发挥志愿者的特长，提高工作效率和质量。组织可以建立健全的工作管理制度，对志愿者的工作进行有效管理。例如，建立志愿者工作日志制度，及时记录志愿者的工作内容和成果，方便组织对工作情况进行监督和评估。同时，还可以建立志愿者考核制度，根据志愿者的工作表现进行考核，激励其提高工作积极性和主动性。组织还可以通过定期召开工作会议、座谈会等形式，及时了解志愿者的工作需求和意见建议，为其提供必要的支持和帮助。通过加强沟通和协调，可以促进志愿者之间的合作与交流，提高工作效率和团队凝聚力。

（四）宣传推广

组织可以通过利用自身的影响力和渠道，来扩大文物保护的社会影响力，提高社会公众对文物保护的认识和重视程度。首先，组织可以通过举办文物保护主题展览和活动，吸引公众的关注，增强他们对文物保护的认识。其次，组织可以利用社交媒体平台，发布文物保护相关的信息和故事，提高公众对文物保护的关注度。最后，组织还可以邀请专家学者开展文物保护的讲座和培训，提高公众对文物保护知识的了解程度。通过这些方式，可以有效提高文物保护的社会影响力。组织可以充分利用自身的专业知识和资源，制作宣传资料，向公众介绍文物保护的重要性和意义。组织可以与各界合作，共同举办文物保护活动，扩大文物保护的影响力和知名度。组织还可以通过组织文物保护义工活动等方式，让更多的人参与到文物保护工作中。

第三节　文物保护的公众教育与参与活动

一、可移动文物保护的公众教育

(一) 提高公众对可移动文物保护的意识

可移动文物是人类文明的重要组成部分，承载着丰富的历史、文化和艺术价值，是我们历史的见证者和传承者。因此，保护可移动文物不仅是对我们历史文化的尊重和珍视，更是对我们自身文明素养和文化自信的体现。为了提高公众对可移动文物保护的意识，我们可以通过多种方式进行宣传和教育。可以举办文物保护主题展览和讲座，通过展示珍贵的文物和介绍文物的保护方法，让公众更直观地了解文物的价值和保护的重要性。

在社交媒体上，可以通过图文并茂、生动形象的方式，向公众展示文物的魅力和保护的重要性，引发公众的共鸣和关注。可以开展文物保护宣传活动，例如举办文物保护主题的公益活动、文化节等，吸引更多人参与其中，让更多人了解文物保护的重要性，形成社会共识。可以让公众更加深入地了解文物保护工作的重要性和必要性，增强他们对文物保护的认同感和责任感，从而积极参与到文物保护工作中，共同守护我们的文化遗产。

(二) 培养公众的文物保护意识

文物是一个国家、一个民族的精神财富，是历史的见证和传承。因此，保护文物不仅仅是一项法定任务，更是每个公民的责任和义务。通过组织文物保护义工活动，让公众亲身参与文物保护工作，增强他们的保护文物的责任感。义工们可以参与文物的清理、修复、保护等工作，深入了解文物的价值和脆弱性，从而更加珍惜和关注文物的保护工作[①]。

通过设立文物保护奖励机制，鼓励公众举报文物犯罪行为。奖励可以是物质奖励，也可以是荣誉奖励，激发公众保护文物的积极性和参与度。开展文物保护知识普及活动。通过举办讲座、展览、培训等形式，向公众普及文物保护知识，提高他们的文物保护意识和文物保护能力。可以利用各种媒体，包括互联网、电视、广播等，广泛传播文物保护知识，让更多的人了解文物保护的重要性和方法，从而在日常生活中自觉保护文物。

---

① 石秀敏，蒋步云. 故宫博物院文物修复管理系统的设计与实现 [J]. 博物院，2017 (2)：112-119.

(三)加强文物保护法律法规的宣传教育

宣传解读相关法律法规,让公众了解文物保护的法律依据和要求;强化对文物保护法律法规的宣传教育,提高公众对文物保护法规的认知和遵守意识;加强文物保护法律法规的宣传力度,提高公众的法律意识和法治观念。

二、可移动文物保护的参与活动

可移动文物保护的参与活动可以通过多种方式进行,包括鼓励社会各界参与文物保护工作、建立志愿者奖励机制等。

(一)鼓励社会各界参与文物保护工作

鼓励社会各界参与文物保护工作是文物保护事业发展的重要方向。政府部门可以通过多种方式来实现这一目标,包括宣传教育、组织文物保护活动以及邀请专家学者和文化爱好者参与文物保护事务。政府部门可以开展宣传教育活动,提高公众对文物保护的认识和重视程度。可以利用各种媒体平台,如电视、广播、网络等,向公众介绍文物保护的意义和价值,引导公众积极参与到文物保护中来。此外,政府还可以在学校、社区等地开展文物保护主题的宣传活动,吸引更多人关注和参与文物保护工作。

政府可以组织各类文物保护活动,提高社会各界对文物保护工作的参与度。可以举办文物展览、讲座、座谈会等活动,邀请专家学者和文化爱好者参与,并向公众开放,让更多人了解和关注文物保护。政府还可以组织文物保护义工活动,让志愿者亲身参与到文物保护工作中,增强他们的文物保护意识和责任感。政府还可以邀请专家学者和文化爱好者组成文物保护协会或委员会,共同参与文物保护事务的决策和实施。这样可以充分发挥专业人士和文化爱好者的专长和热情,为文物保护提供更多的智力支持和人力资源,推动文物保护工作取得更大的成效。

(二)建立志愿者奖励机制

建立志愿者奖励机制是激励社会各界积极参与文物保护工作的有效途径。针对在文物保护工作中表现突出的志愿者,可以给予一定的奖励,以鼓励更多人参与到文物保护事业中。可以通过颁发荣誉证书来表彰文物保护工作中表现突出的志愿者。荣誉证书是对志愿者贡献的一种肯定和认可,可以让志愿者感受到自己的努力和付出得到了重视,激发其更大的热情和动力。

可以通过发放奖金或物质奖励来激励志愿者。奖金或物质奖励可以是一种实际的回报，让志愿者体会到参与文物保护的收获，增强其参与的积极性和主动性。可以举办文物保护志愿者表彰大会等活动，把表现突出的志愿者树立为榜样，同时也可以向社会展示他们的优秀事迹，引导更多的人加入文物保护志愿者队伍中来。这样的活动不仅可以激励志愿者，还可以增加社会对文物保护工作的关注和支持。

第六章 可移动文物的展览与教育利用

第一节 文物展览的策划与设计

在策划过程中,需要考虑多个方面,包括展览主题的确定、展览内容的选择、展览场馆的选择和设计、展览宣传的方式等。

一、展览主题的确定

确定展览主题是展览策划的重要一步,它需要考虑到展览的目的、受众群体以及展品的特点等多方面因素。展览主题的确定直接关系到展览的学术性和观赏性,是展览成功的关键之一。确定展览主题需要考虑展览的。展览可以是为了传播文化、展示历史、推广科学知识等。因此,展览主题应能够清晰地表达展览的目的,引导观众正确理解展览内容,并激发观众的兴趣。

不同的受众群体对展览的需求和兴趣有所不同,因此展览主题应当符合受众的需求和兴趣,要能够吸引他们的注意力,并让他们在观展过程中获得知识和乐趣。确定展览主题还要考虑展品的特点。展品的特点包括文物的历史背景、文化内涵等方面。展览主题应当能够体现展品的特点,突出展品的文化价值和历史意义,使观众能够更加深入地了解展品所承载的文化信息。

二、展览内容的选择

在展览内容的选择上,需要紧密围绕展览主题展开,选择具有代表性和吸引力的文物进行展示。展览内容的选择应该考虑到文物的历史背景、文化内涵以及观众的兴趣和需求,以达到展览的教育和观赏效果。在选择展览内容时,应该考虑文物的代表性。展览的文物应该能够代表一定历史时期、地域文化或文物类别,能够体现展览主题的核心内容,引导观众深入了解展览主题所要传达的信息[1]。

展览的文物应该具有一定的观赏性和吸引力,能够吸引观众的注意力,激发观众的兴趣,提升观众的参观体验。在设计展览内容的组织方式时,可以根据文物的

---

[1] 李袁婕.《文物保护法》研究40年回顾与前瞻[J].中国文物科学研究,2022(4):2-9.

特点，采取不同的分类展示方式。可以按照历史时期、地域文化、文物类别等进行分类展示，使观众能够全面、深入地了解文物的历史和文化价值。

三、展览场馆的选择和设计

展览场馆的选择应考虑到场地的大小、位置和环境等因素，以确保展览的顺利进行和观众的舒适体验。在选择展览场馆时，需要考虑场地的大小和位置。场馆的大小应能够容纳展览所需的展品和参观人数，同时还要考虑到展品的安全陈列和观众的舒适参观。场馆的位置应该便于观众到达，交通便利，有利于吸引更多的观众参观。

在设计展览布局时，需要考虑展品的陈列方式。展品的陈列方式应能够突出展品的特点，展示展品的美感和文化价值，吸引观众的注意力。同时，还要考虑到观众的参观路线和流线，确保观众能够顺利地参观展览，不受到拥挤和阻碍。在设计展柜时，需要考虑展柜的设计和展品的陈列效果。展柜的设计应能够保护展品不受损坏，并能够展示展品的美感和文化内涵。展柜的灯光和音响效果也是展览设计中重要的考虑因素，可以营造出良好的观展氛围。

四、展览宣传的方式

宣传是展览成功的关键之一，通过有效的宣传可以吸引更多观众关注展览，提高展览的知名度和影响力。展览宣传可以采用多种方式，如新闻媒体、社交媒体、宣传海报、宣传册等，以达到最佳的宣传效果。在展览宣传中，可以利用新闻媒体进行宣传。可以通过新闻稿、新闻发布会等方式，向媒体发布展览的信息，吸引媒体的关注和报道，扩大展览的知名度。同时，也可以通过电视、广播等媒体进行宣传，让更多的人了解展览的信息。

可以利用社交媒体进行宣传。可以通过微博、微信、Facebook等社交媒体平台，发布展览的信息，吸引更多的人关注展览。可以通过发布展览的宣传片、图片等内容，增加展览的曝光度，提高观众的参观意愿。可以利用宣传海报、宣传册等物料进行宣传。可以设计精美的宣传海报，张贴在人流量较大的地方。可以设计详细的宣传册，发放给潜在观众，让他们了解展览的信息，提高观众的参观率。

五、展览安全保障

展览安全涉及文物的保护、场馆的安全设施和人员的安全管理等方面，是展览策划中至关重要的一环。展览安全保障工作的落实不仅关乎文物的安全，也直接关系到观众和工作人员的安全，是展览成功举办的重要保障。需要制定严格的文物保护措施。这包括对文物的安全陈列、定期检查、防火防盗等方面的措施。文物的安全陈列需要考虑到文物的特点和安全性,确保文物在展览期间不受损坏。定期检查是为了及时发现并处理文物可能存在的问题,防火防盗措施则是为了保护文物免受火灾和盗窃的危害。

在场馆的安全设施方面,需要保证场馆的安全性。这包括场馆的建筑结构、消防设施、紧急疏散通道等方面的安全设施。场馆的建筑结构要符合安全标准,消防设施要齐全有效,紧急疏散通道要畅通无阻,以确保在紧急情况下能够及时疏散观众和工作人员。在人员的安全管理方面,需要建立健全的安全管理制度。这包括对工作人员的安全培训、安全意识教育等方面的工作。工作人员需要了解展览安全的重要性,要掌握相应的安全知识和技能,做到能够应对各种突发情况。

第二节 文物展览的组织与管理

一、可移动文物展览的组织

(一) 筛选展品

在筛选可移动文物作为展品时,展览的主题和内容是首要考虑的因素。展览主题的明确定义将指导文物的选择,确保展品与主题相契合,呈现出一致的文化内涵和价值观。展览的主题可能涉及特定历史时期、文化主题、艺术风格等,因此在筛选展品时,需要确保所选文物与主题相关联,能够突出展览的核心内容和宗旨。展览筛选展品时需要注重文物的代表性。所谓文物的代表性,指的是文物在某一领域或历史时期具有典型性或代表性,能够很好地展现该领域或时期的特点和精华。因此,在选择展品时,应优先考虑那些具有代表性的文物,能够在展览中充分展示相关文化的精髓和特色,引导观众更好地理解展览的主题和内涵。

除了代表性之外,文物的品质也是筛选展品的重要考量因素。文物的品质包括文物本身的保存状况、工艺水平、历史价值等方面。优质的文物不仅能够提升展览的品位和档次,更能够为观众提供高品质的文化体验,增强他们的参观体验和文化认知。因此,在筛选展品时,应当优先选择保存完好、工艺精湛、历史价值丰富的文物,以确保展览的质量和水准。此外,文物的文化内涵也是筛选展品的重要考虑因素。文物作为承载历史文化的实物载体,其背后蕴含着丰富的历史故事、文化内涵和价值观念。因此,在筛选展品时,需要注重文物所代表的文化内涵,选择那些能够生动展现特定历史时期、地域特色或人文精神的文物,以激发观众的文化兴趣和审美情趣,达到展览的教育和感受目的。

（二）征集展品

为了确保展览的丰富性和品质，征集展品是展览筹备过程中不可或缺的一环。征集展品的途径多种多样，主要包括博物馆、文物单位以及私人收藏家等渠道。这些渠道各有特点，但都是展览策划者获取展品的重要来源。各地的博物馆通常都拥有丰富的文物收藏，这些文物涵盖了各个历史时期和文化领域，具有很高的历史和艺术价值。展览策划者可以通过与博物馆合作，借用其藏品作为展品，丰富展览的内容和品质。同时，博物馆的专业人员也可以提供展品的相关资料和背景介绍，为展览的策划和实施提供支持。

文物单位包括文物管理部门、文物保护机构等。它们通常负责文物的管理、保护和研究工作，拥有大量的文物资源。展览策划者可以通过与文物单位合作，借用其文物作为展品，丰富展览的内容和品质。同时，文物单位的专业人员也可以提供文物的审核、鉴定和保险等方面的支持，确保展品的安全和完整性。私人收藏家通常是对特定文化或艺术领域有着浓厚兴趣和深厚造诣的个人，他们收藏的文物可能涵盖了各个历史时期和文化领域，具有很高的艺术和收藏价值。展览策划者可以通过与私人收藏家联系，借用其藏品作为展品，丰富展览的内容和品质。同时，私人收藏家也可以提供文物的鉴定和保险等方面的支持，为展览的顺利进行提供保障。

（三）签订展品借展协议

在展览策划过程中，与文物所有者签订展品借展协议是确保展览顺利进行、文物安全的关键步骤。这一协议的签订是展览策划者与文物所有者之间的合作基础，通过明确各项事项，确保展品在借展期间的安全与权益。签订展品借展协议的第一步是明确借展期限。展品借展期限是协议中的重要内容，它规定了展品从借出到归还的具体时间范围。在签订协议时，双方需要协商确定借展期限，并在协议中详细记录，以确保展览计划的顺利执行。

除了借展期限，协议还需要明确保管责任。展品在借展期间的保管责任是文物所有者和展览策划者共同承担的重要责任。协议应明确规定双方的保管责任，并约定保管期间的具体措施，包括展品的安全存放、防火防盗等方面的安全措施，确保展品在借展期间不受损失。此外，协议还需要明确保险责任。展品在借展期间的保险责任是文物所有者和展览策划者共同关注的重要问题。展览策划者通常会购买展览保险，以保障展品在借展期间的安全。协议应明确规定展览保险的责任范围、保险金额、理赔条件等具体内容，确保在展品发生意外损失时能够及时获得保险赔偿。

协议还需要明确其他相关事项，如展品的运输方式、展览期间的维护保养责任、违约责任等。通过签订展品借展协议,展览策划者和文物所有者可以在展品借展期间明确各自的权利和义务,确保文物在借展期间的安全与权益,同时为展览的顺利进行提供保障。

(四) 安排展品陈列

在安排展品陈列时,需要根据展品的特点和展览设计方案,精心布置,以突出展品的特色和文化内涵,为观众呈现一场视觉与知识的盛宴。每件展品都有其独特的特点和文化内涵,展览策划者需要针对每件展品的特点,确定其最佳的陈列位置和展示形式。例如,对于历史事件的文物,可以根据事件的发生顺序或相关主题进行编排;对于艺术品,可以根据作品的风格或题材进行分类陈列。通过合理的陈列安排,可以最大限度地展示展品的特色和历史文化内涵。

展览设计方案包括展览的整体布局、展览道路、展柜陈列、灯光音响等方面的设计,展览策划者需要根据设计方案,合理安排展品的陈列位置和展示形式,确保展品与展览场地的整体风格和氛围相协调,为观众提供舒适愉悦的参观体验。在安排展品陈列时,展览策划者需要注重展品之间的关联性和呼应性,通过合理的搭配和排列,突出展品的特色和文化内涵,使观众能够更加深入地了解和欣赏展品的历史价值和艺术魅力。同时,展览策划者还可以通过布置展品周边的展示牌、图片、多媒体等辅助展品,为观众提供更多的背景信息和参考资料,增强他们的参观体验和文化认知。

展品的安全是展览策划者需要重点考虑的问题。在安排展品陈列时,展览策划者需要注意展品与观众之间的安全距离,避免展品被观众触碰或损坏。同时,还需要采取有效的安全措施,如设置防护栏、安装监控设备等,确保展品在展览期间的安全。

二、可移动文物展览的管理

(一) 展览策划管理

在展览策划管理方面,需要制定全面的策划方案,确保展览顺利进行,并满足参展人员和观众的需求。这包括制定展览主题、内容、时间、地点等方面的计划,确定展览的预算和资金来源,并组织策划小组,明确各成员的职责和任务,以确保展览策划工作的顺利进行。展览主题应该与展览的目的和受众群体相适应,可以根据文物的特点、历史背景、文化内涵等因素确定。展览内容则应围绕主题展开,选择具有代表性和吸引力的文物进行展示,以吸引观众的兴趣和好奇心。

展览时间应当考虑到文物的特点和观众的需求，选择适合的时间段举办展览。展览地点应当选择适合的场馆，考虑到场地的大小、位置、环境等因素，确保展览能够顺利进行。展览策划还需要制定展览的预算和资金来源，制定财务计划。展览预算应该包括展览的各项费用，如场地租赁费、展览设计费、宣传费用等，确保展览能够按计划进行。确定资金来源则可以通过政府拨款、赞助商支持、门票销售等途径。组织策划小组，确保展览策划工作的顺利进行。策划小组应该由专业人员组成，包括展览策划人员、文物保护专家、财务人员等，各成员之间需要密切配合，共同推动展览策划工作的进展。

（二）文物保护管理

为确保文物在展览期间得到妥善保护，展览组织者需制定详细的文物保护方案，并指定专人负责文物保护工作，定期检查文物的安全状况，及时发现问题并采取相应措施。方案应包括文物的安全陈列、环境控制和定期检查等内容。安全陈列是指将文物摆放在稳固、防护良好的展柜中，避免受到外部环境的侵害。环境控制则包括控制展览场馆的温度、湿度、光照等环境因素，以确保文物不受环境影响。定期检查是指定期对文物进行安全检查，发现问题及时处理。

专人需具备文物保护相关的专业知识和经验，负责文物的安全陈列、环境控制和定期检查等工作。此外，还需制定文物保护工作计划，明确各项工作任务，确保文物得到妥善保护。及时发现问题并采取相应措施，是文物保护管理的重要环节。定期检查可以通过专业工具和设备对文物进行检测，发现文物的安全隐患，并及时采取措施加以处理。

（三）场馆管理

在场馆管理方面，需要确定合适的展览场馆，考虑到场地的大小、位置、环境等因素；安排场馆布置和装修，保证展览的顺利进行；确保场馆的安全设施完善，包括建筑结构、消防设施、紧急疏散通道等。场馆应该根据展览的主题和规模来选择，考虑到展览的参展人数和观众需求，选择适合的场地进行展览。同时，场馆的大小、位置、环境等因素也需要考虑在内，以确保展览能够顺利进行。

布置和装修应根据展览的主题和内容来设计，突出展览的特色和亮点。同时，布置和装修还应考虑到观众的观展体验，营造出良好的观展氛围。场馆的安全设施包括建筑结构、消防设施、紧急疏散通道等，应符合相关安全标准和规定。需要定期检查安全设施的运行状况，确保观众和展品的安全。

(四) 人员管理

在人员管理方面,需要确定展览工作人员的组织架构和岗位设置,明确各岗位的职责和任务;对展览工作人员进行培训,提高其专业水平和工作能力;加强对工作人员的管理和监督,确保展览工作的顺利进行。确定展览工作人员的组织架构和岗位设置是人员管理的重要内容。展览工作人员的组织架构应该合理,包括展览策划人员、文物保护专家、场馆管理人员等,各岗位的职责和任务应该明确,确保展览工作的有序进行。培训内容可以包括展览策划、文物保护、安全管理等方面的知识和技能,提高展览工作人员的专业水平和工作能力,为展览的顺利举办提供保障。

第三节 文物展览的教育与传播效果

一、可移动文物展览教育

可移动文物展览教育是通过展览的方式向观众传递知识、启发思考、提升审美情趣和文化修养的过程。展览教育不仅可以增加观众的文化素养和知识水平,还可以激发观众对文化遗产的关注和热爱,促进文化传承和保护。

(一) 知识传递

展览作为一种教育性的活动,通过展示文物的方式向观众传递知识,是一种有效的传播方式。展览可以展示各种类型的文物,包括历史文物、艺术品等,通过展品的展示,向观众介绍文物的历史、文化背景和艺术价值,使观众了解和认识文物,增加知识储备。文物展览的知识传递不仅仅是简单的展示,更重要的是通过展览布置、展品介绍等方式,向观众传递深刻的历史和文化信息。展览可以通过展示文物的制作工艺、历史背景等内容,让观众了解文物背后的故事和文化内涵,增加对文物的认识和理解。此外,展览还可以通过多媒体技术、互动展示等方式,向观众传递更加生动和直观的知识。通过展览的互动性和参与性,观众可以更加深入地了解文物,增加对文物的兴趣和热爱。

(二) 思想启发

展览作为一种展示文化遗产和传播知识的方式,不仅仅是展示文物本身,更重要的是通过展示,启发观众的思想,引发观众对人生、价值观等问题的思考。展览可以通过展示文物的历史故事,向观众展示历史的变迁和文化的传承,使观众了解到历史的沧桑和文化的延续。这些历史故事往往会引发观众对人生意义和历史使命的思考，启发观众对生活的理解和感悟。艺术作品往往蕴含着丰富的情感和内涵，通过欣赏艺术作品，观众可以感受到艺术的美和力量，启发观众对艺术的独特理解和感悟。展览还可以通过展示文物的文化背景和社会意义，引发观众对文化多样性和社会发展的思考。不同文化背景的文物展示可以让观众了解到世界各地的文化差异和文化交流，启发观众对文化多样性的重视和思考。

(三) 审美情趣提升

展览是一个展示和传达艺术与文化的重要平台，通过展示各种形式的艺术品和文物，可以提升观众的审美情趣，培养观众对美的感知能力。展览可以展示包括绘画、雕塑、摄影等各种形式的艺术品。通过观赏这些作品，观众可以感受到不同艺术风格和表现形式的魅力，提升对艺术的欣赏能力。展览还可以展示各种文物，如古代器物、传统工艺品等，通过展示这些文物的美感和历史价值，培养观众对传统文化的热爱和珍惜。

展览可以通过展示文物的工艺和制作过程，向观众展示艺术家和工匠的匠心和技艺，引发观众对艺术创作过程的好奇和探索欲望。观众可以通过展览了解到艺术创作的艰辛，增强对制作者的敬意和赞赏。展览还可以通过展示不同艺术家和文化传统的作品，引导观众对美的多元化和包容性。通过展示不同文化背景和艺术风格的作品，展览可以启发观众对美的理解和欣赏能力，培养观众对多样化美学的兴趣和鉴赏能力[1]。

(四) 文化修养提高

展览作为一种展示和传播文化的方式，可以让观众深刻感受不同文化的魅力，从而增强文化自信，提高文化修养。展览可以通过展示各种文物和艺术作品，向观众展示不同文化的独特魅力。观众可以通过展览了解到不同文化背景下的艺术表现形式、思想观念和生活方式，增强对文化多样性的认识和理解。展览还可以通过展示文物的历史背景和社会意义，引发观众对文化传承和保护的思考。观众可以通过展览了解到文物的珍贵性和脆弱性，增强对文化传承和保护的意识，促进文化传承和保护工作。展览还可以通过展示文化遗产的传承和创新，引导观众对文化发展的关注和思考。观众可以通过展览了解到文化的传统和创新之间的关系，增强对文化发展规律的认识。

---

[1] 孟祥鹏，王东民.菏泽市社会主义革命和建设时期革命文物代表性建筑研究[J].文物鉴定与鉴赏，2023(3): 152-156.

(五) 文化传承和保护

展览作为一种展示和传播文化遗产的方式，可以通过展示文物的珍贵性和脆弱性，提高观众对文化遗产保护的意识，促进文化传承和保护工作的开展。展览可以通过展示文物的历史价值和文化意义，向观众展示文化遗产的珍贵性。观众可以通过展览了解到文物背后的故事和价值，增强对文化遗产的珍视和保护意识，积极参与到文化传承和保护工作中。

展览还可以通过展示文物的脆弱性，引发观众对文化遗产保护的关注和思考。文物往往受到自然环境和人为破坏的威胁，展览可以向观众展示文物的保护现状和面临的挑战，提高观众对文化遗产保护的紧迫性和重要性认识。展览还可以通过展示文物的保护和修复过程，向观众展示文物保护工作的重要性和复杂性。观众可以通过展览了解到文物保护工作的技术和方法，增强对文物保护工作的尊重和支持，为文化传承和保护工作提供更多的支持和帮助。

二、可移动文物展览的传播效果

可移动文物展览的传播效果是评价展览成功与否的重要标准之一。展览的传播效果不仅体现在观众数量上，更重要的是展览对观众思想情感的影响和文化价值的传递。

(一) 观众参与度

展览的观众参与度是衡量展览传播效果的重要指标之一。观众参与度的高低直接反映了观众对展览的兴趣程度和展览吸引力的强弱。观众参与度高的展览往往展示内容新颖、独特，观众能够在展览中获得全新的观感和体验。这种展览往往具有独特的主题和创新的展示方式，更容易引起他们的兴趣。观众参与度高的展览通常具有互动性强的特点，观众可以参与到展览中，与展品互动。这种展览往往采用多媒体技术或者互动设施，让观众能够亲身体验展览内容，增加展览的参与感和趣味性。观众参与度高的展览还通常具有教育性和启发性，能够给观众带来思考和启发。这种展览往往通过展示文物的历史、文化背景等内容，引发观众的思考和探索欲望，增加观众的学习兴趣和体验感。

(二) 观众反馈

展览后观众的反馈是评价展览传播效果的重要依据。通过观众的反馈，可以了解观众对展览的认可程度、展览给他们带来的启发和影响，以及展览存在的问题和改进的方向。观众反馈的方式多样，包括问卷调查、评论和媒体报道等。在展览结束后，可以向观众发放问卷，收集他们对展览的评价和建议。问卷调查可以包括展览的内容、布展方式、参观体验、展览组织和管理等方面的问题，通过统计和分析问卷结果，可以全面客观地了解观众的反馈情况。

观众可以通过展览现场的留言本、社交媒体平台、展览官方网站等渠道发表评论，表达他们的观点和感受。展览组织者可以通过收集和整理这些评论，了解观众对展览的评价和意见，及时做出调整，提高展览的质量和效果。媒体报道也是了解观众反馈的重要途径之一。展览结束后，媒体通常会对展览进行报道，报道内容包括展览的亮点、观众反响、专家评价等。展览组织者可以通过媒体报道了解观众对展览的整体评价和展览在社会上的影响力，从而及时调整展览策划和宣传方案，提高展览的传播效果。

(三) 社会影响力

展览作为一种文化传播和交流方式，在社会中具有重要的影响力。展览是传播文化价值的重要途径之一。通过展览，人们可以了解到不同文化背景下的艺术品、历史遗迹、传统工艺等，从而增进对各种文化的理解和尊重。展览可以将文化价值传递给观众，引导他们思考文化的重要性，并且激发他们对文化的热爱和保护意识。展览有助于促进文化交流与互鉴。展览通常会邀请来自不同国家或地区的艺术家、学者等参与，为观众带来全新的视野和体验。不同文化之间的交流得以促进，人们能够更加深入地了解他者的文化，从而促进文化的多元共生。展览还可以提升文化自信。随着全球化进程的加速，传统文化面临着被边缘化的风险。而展览作为一种展示文化的方式，能够让人们更加自豪地展示自己的文化传统和独特性。展览不仅可以让观众感受到自己文化的卓越性，也能够激励他们积极传承和弘扬自己的文化。

(四) 媒体关注度

展览的传播效果不仅取决于其内容和组织，还与展览在媒体上的报道和关注度密切相关。媒体是信息传播的重要渠道，展览如果能够引起媒体的关注和报道，将会获得更广泛的曝光和更深入的传播。因此，展览在媒体上的关注度是评价展览传播效果的重要指标之一。

媒体关注度可以从多个方面来衡量。首先是媒体的报道数量和深度。如果展览能够被多家媒体报道，且报道内容详细、深入，那么展览的传播效果将会更好。其次是媒体报道的影响力和覆盖范围。如果展览能够被主流媒体报道，或者报道能够覆盖到更多的观众群体，那么展览的传播效果将会更加显著。

媒体关注度的提升可以通过多种途径实现。首先是展览的策划和组织要精心，确保展览具有一定的新颖性和吸引力，这样容易引起媒体的关注。其次是加强与媒体的沟通和合作，积极向媒体推介展览的亮点和特色，争取更多的报道机会。最后，展览的举办方可以考虑利用社交媒体等新媒体平台，通过发布展览相关信息和互动活动，吸引更多网民关注和参与。

(五) 文化价值传递

展览是一种重要的文化传播方式，通过展示文物、艺术作品等，传递文化的历史、价值观念和审美情感，对于提升观众的文化修养和审美水平具有重要意义。展览传达的文化价值和精神内涵是评价展览传播效果的重要方面。展览可以通过展示文物的历史价值传递文化传统和历史记忆。文物是历史的见证者，展览可以通过展示历史文物，让观众了解到不同历史时期的文化特点和演变过程，从而增进对历史的理解和尊重。

展览可以通过展示艺术作品传递审美情感和艺术价值。艺术作品是艺术家对世界的表达和思考，展览可以通过展示艺术作品，让观众感受到艺术的美感和情感表达，从而提升观众的审美水平和文化修养。展览还可以通过展示文化符号和民俗传递文化认同和情感认同。文化符号和民俗是一个民族或社会的文化特征和精神追求的体现，展览可以通过展示这些文化符号和民俗，让观众感受到自己文化的卓越性，增强文化认同感和自豪感。

第七章　可移动文物的商业价值与利用

第一节　文物拍卖与交易市场

一、可移动文物的拍卖

(一) 市场定价机制

在可移动文物交易中，拍卖作为一种市场定价机制具有重要作用。拍卖通过竞价的方式确定可移动文物的价格，可以充分反映可移动文物的市场价值和受欢迎程度，为可移动文物交易提供公开透明的价格基准。拍卖是一种公开透明的定价方式。在拍卖过程中，参与竞拍的各方可以清楚地了解到当前的竞价情况，每一次出价都是公开的，不存在任何隐瞒或不透明的情况。

拍卖能够反映可移动文物的市场价值和受欢迎程度。在拍卖中，可移动文物的价格是由竞拍者根据自己对可移动文物价值的认知和对市场需求的判断而决定的，因此可以充分反映可移动文物在市场上的实际价值和受欢迎程度。这样的定价机制能够有效地避免可移动文物价格被低估或高估的情况发生，保证可移动文物的价格能够与市场需求相匹配。拍卖为可移动文物交易提供了一个公平竞争的平台[①]。所有竞拍者都有平等的竞价机会，不受其他因素的影响，这样能够保证可移动文物交易的公平性和公正性。同时，拍卖还能够激发竞拍者之间的竞争，促使可移动文物的价格得到最终的合理确定。

(二) 促进可移动文物流通

拍卖作为一种促进可移动文物流通的方式，在可移动文物市场中发挥着重要作用。通过拍卖，可移动文物能够从持有者手中转移到有需求的购买者手中，促进了可移动文物的流通和交易。拍卖能够扩大可移动文物的交易范围和市场规模。拍卖通常会吸引来自不同地区和不同群体的收藏家和收藏机构参与，从而扩大了可移动文物的交易范围和市场规模。这样可以为可移动文物的买卖双方提供更多的选择和

---

① 王华英.乡村振兴中湖南乡土文化的保护与传承机制研究[J].经济师, 2022(9): 126-128.

机会。

拍卖能够提高可移动文物的流通效率。在传统的可移动文物交易中，由于信息不对称和交易成本较高，可移动文物的流通效率往往较低。而通过拍卖，可移动文物可以通过公开竞价的方式快速找到最合适的买家，提高了可移动文物的流通效率，减少了交易的时间和成本。拍卖能够促进可移动文物的合理配置。可移动文物的价格是由市场供需关系和竞拍者之间的竞争决定的，能够充分反映可移动文物的市场价值和受欢迎程度。这样可以保证可移动文物能够流向最有价值和最适合的地方，实现可移动文物的合理配置。

（三）推动可移动文物市场发展

拍卖作为可移动文物交易市场的重要组成部分，其发展对整个可移动文物市场的繁荣起着推动作用。随着社会经济的发展和人们文化消费观念的提升，可移动文物拍卖市场不仅为可移动文物交易提供了一个重要的平台，也促进了可移动文物市场的发展和繁荣。拍卖市场的发展扩大了可移动文物交易的规模和范围。拍卖市场能够吸引来自不同地区和不同群体的投资者和收藏家参与，为可移动文物交易提供了更广泛的交易平台。这不仅有助于可移动文物的流通和交易，也促进了可移动文物市场的繁荣和发展。

拍卖市场的发展提升了可移动文物市场的活跃度和影响力。随着拍卖市场的不断发展壮大，越来越多的珍稀可移动文物和艺术品通过拍卖流通，吸引了更多的关注和参与。这不仅为可移动文物市场注入了活力，也提升了可移动文物市场在社会和文化领域的影响力。拍卖市场的发展吸引了更多的投资者和收藏家参与可移动文物市场。随着可移动文物市场的发展，越来越多的投资者和收藏家开始关注和参与可移动文物交易，这不仅促进了可移动文物市场的繁荣，也为可移动文物保护和传承注入了新的活力和动力。

（四）促进可移动文物保护

拍卖作为一种可移动文物交易方式，不仅促进了可移动文物的流通和交易，还为可移动文物的保护提供了更好的机制和管理方式。通过公开的拍卖流程和详细的交易记录，拍卖可以追踪可移动文物的流向和归属，减少可移动文物流失和非法交易的可能性，从而促进了可移动文物的保护。拍卖通过公开透明的交易过程，提高了可移动文物交易的合法性和可追溯性。每一件可移动文物都有详细的交易记录，包括拍卖时间、价格、买卖双方等信息，这些信息可以帮助追踪可移动文物的流向和归属。这种公开透明的交易方式，有助于减少可移动文物的非法流失和偷盗行为，保护可移动文物的安全和完整性。

拍卖市场能够提供一个良好的可移动文物管理和保护平台。拍卖机构通常会对参与拍卖的可移动文物进行严格的鉴定和评估，确保可移动文物的真实性和合法性。同时，拍卖机构也会对可移动文物交易进行监管和管理，保障可移动文物交易的合法性和公正性。这样可以有效地减少可移动文物的非法流通和交易。拍卖市场的发展也促进了可移动文物保护意识的提高。随着拍卖市场的发展，越来越多的人开始关注和参与可移动文物交易，对可移动文物保护问题也有了更多的认识和重视。这有助于推动社会对可移动文物保护的法律法规完善和执行力度加强，进一步促进了可移动文物保护工作的开展。

（五）文化交流与传播

拍卖作为可移动文物交易的一种方式，不仅仅是简单的交易行为，更是促进文化交流与传播的重要途径。可移动文物得以跨越地域和文化的限制，吸引了国内外收藏家和机构的参与，推动了文化的交流与传播。拍卖促进了可移动文物的跨地域传播。可移动文物往往会吸引来自不同地区的收藏家参与竞拍。通过他们的参与，可移动文物得以跨越地域限制，实现了跨地域的传播和流通。拍卖推动了可移动文物的跨文化传播。可移动文物的价值和意义往往会超越单一的文化背景，吸引了来自不同文化背景的收藏家和机构参与。这种跨文化的参与促进了不同文化之间的交流与融合，推动了文化的传播和交流。拍卖也促进了文化价值的传播。可移动文物的历史、艺术和文化价值往往会得到充分的展示和宣传，吸引了更多人的关注和认可。这有助于提升可移动文物的知名度和影响力，推动了文化价值的传播和弘扬。

（六）可移动文物鉴赏和研究

拍卖作为可移动文物交易的一种形式，不仅是可移动文物流通和交易的平台，也为可移动文物的鉴赏和研究提供了重要机会。藏品得以展示于世人面前，吸引了众多鉴赏家和研究者的关注，有助于深入了解可移动文物的历史和艺术价值。拍卖为可移动文物的鉴赏提供了更多的展示机会。藏品会经过详细的介绍和展示，使得更多的人有机会近距离欣赏和学习可移动文物。这种展示方式有助于提高公众对可移动文物的认识和鉴赏水平。

拍卖为可移动文物的研究提供了重要资料和素材。可移动文物的历史、艺术价值和背后的故事往往会被详细地介绍和记录下来，为文物的研究提供了重要参考。研究者可以通过拍卖记录和可移动文物的展示信息，深入了解可移动文物的历史渊源、制作工艺和艺术特点，从而推动了对可移动文物的研究和认识。拍卖也为可移动文物的保护和传承提供了重要支持。可移动文物得以流通和传承，有助于保护和传承可移动文物的历史和文化价值。同时，拍卖也为可移动文物的鉴赏和研究提供了经济支持，促进了可移动文物保护事业的发展和壮大。

二、可移动文物交易市场

（一）市场形态多样

可移动文物交易市场具有多样的形态，包括传统的拍卖市场、艺术品交易市场、文化遗产交易市场等，这些市场各具特色，为文物交易提供了多样选择。传统的拍卖市场是最为经典的文物交易形式之一。在拍卖市场上，文物通过竞拍的方式进行交易，买家通过竞价确定最终的成交价。拍卖市场的特点是公开透明、价格公正，吸引了众多收藏家的参与。艺术品交易市场是一个专门针对艺术品和文物交易的市场。这类市场往往集中展示和交易各种艺术品和文物，包括绘画、雕塑、陶瓷等，为收藏家提供了广泛的选择空间。文化遗产交易市场是一个专门针对文化遗产的交易市场。这类市场以传统工艺品、民俗文化产品等为主要交易对象，通过展示和交易这些文化遗产，促进了文化遗产的传承和发展。除了以上几种形式外，还有一些新兴的文物交易形式。如线上拍卖市场、文物展览交易会等。这些新形式的市场通过互联网和展览会等方式，为收藏家提供了更为便利的交易平台。

（二）市场规模庞大

随着文物收藏热的兴起，可移动文物交易市场的规模逐渐扩大，吸引了国内外众多收藏家和机构的参与，市场交易额逐年增长。越来越多的人开始关注和参与文物交易市场。这些收藏家可能是出于对文物历史和文化价值的喜爱，也可能是出于投资和保值增值的考虑，他们的参与使得文物交易市场的规模得以扩大。文物交易市场的扩大也得益于文物市场的不断开放和国际化。随着文物交易市场的国际化程度越来越高，越来越多的国外收藏家和机构开始参与国内的文物交易市场，这进一步扩大了市场规模。文物交易市场的规模扩大还得益于互联网技术的发展。互联网技术的普及和应用使得文物交易更加便捷和透明，吸引了更多的人参与其中，促进了市场规模的扩大。

（三）市场影响力增强

随着可移动文物交易市场的发展，其影响力逐渐增强，不仅仅是文物交易本身，更成为文化交流与传播的重要平台。通过市场交易，促进了文物文化的传承和发展。

可移动文物交易市场的发展扩大了文物交流的范围和渠道。收藏家和机构通过市场交易可以更广泛地了解和接触到各种文物，从而促进了文物之间的交流和互动，有助于促进文物文化的传承和发展。

市场交易也促进了文物的流通和传承。文物可以从一个持有者手中流向另一个持有者手中，使得文物得以传承和流传。这种流通和传承不仅有助于保护和传承文物的历史和文化价值，也为文物的研究和鉴赏提供了更多的机会。市场交易还促进了文物文化的传播。随着市场交易的发展，越来越多的人开始关注和了解文物，这有助于提高公众对文物的认识和鉴赏水平，促进了文物文化的传播和弘扬。

（四）市场监管加强

随着文物保护意识的提升，可移动文物交易市场的监管也日益加强。相关法律法规的完善和执行力度的增强，有效地规范了市场秩序，保护了文物的合法权益。随着文物保护意识的提高，相关法律法规也得到了进一步完善。各级政府和相关部门出台了一系列文物保护的法律法规，明确了文物的保护范围、保护措施和违法行为的处罚标准，为文物交易市场的监管提供了法律依据。

监管力度的加强也体现在执法力度的增强上。相关部门加大了对文物交易市场的监督检查力度，对违法违规行为进行严厉打击，维护了市场秩序和文物的合法权益。监管部门还加强了对文物市场从业人员的培训和管理。通过培训和管理，提高了从业人员的文物保护意识和法律意识，减少了违法违规行为的发生，有助于保护文物的合法权益。

（五）市场竞争激烈

随着市场规模的扩大，可移动文物交易市场的竞争也日益激烈。各类交易平台和机构竞相涌现，竞争力和服务水平成为市场竞争的重要因素。各类交易平台和机构不断涌现，市场竞争日益激烈。传统的拍卖机构、艺术品交易平台以及线上文物交易平台等形式各异的交易机构竞相争夺市场份额，竞争水平逐渐升级。

市场竞争也促使交易平台和机构不断提升竞争力和服务水平。为了吸引更多的收藏家参与，交易平台和机构不断创新服务模式，提升服务品质，降低交易成本，提高交易效率，从而在激烈的市场竞争中脱颖而出。市场竞争还促使交易平台和机构加强合作与交流。在市场竞争日益激烈的情况下，各方通过加强合作与交流，共同促进市场的健康发展，实现互利共赢。

(六) 市场价值逐步凸显

文物的价值得以凸显，为文物的保护和传承提供了有力支持。可移动文物交易市场的发展使得文物的历史价值得以凸显。收藏家可以更深入地了解文物的历史渊源和价值所在，从而提高对文物的认识和鉴赏水平，促进文物的传承和发展。市场交易也使得文物的文化价值得以凸显。文物承载着丰富的文化内涵和精神意义，文物得以展示和传播，有助于提高公众对文物的关注和认识，促进文化的传承和弘扬。市场交易也体现了文物的艺术价值。许多文物具有高度的艺术价值，这些文物得以展示和传播，为艺术界和收藏界所重视，有助于推动艺术的发展和传承。

第二节　文物文化产品的设计与开发

一、文物文化产品的设计

(一) 文物特点的体现

充分考虑文物的历史、艺术和文化特点是非常重要的。这样可以保留文物的独特性和原汁原味，使设计的产品更具有历史沉淀和文化内涵。设计师需要深入了解文物的历史背景和文化内涵。通过研究文物的历史渊源和背后的文化故事，可以更好地把握设计的灵感和方向，确保设计符合文物的特点。

设计应该注重表现文物的艺术特点。文物往往具有独特的艺术风格和表现形式，设计师可以通过借鉴文物的艺术特点，使得设计的产品更具有艺术性和观赏性。设计还应该考虑文物所代表的文化价值和精神内涵。文物不仅仅是物质的载体，更是文化的传承和象征[1]。设计师可以通过设计，将文物所代表的文化价值和精神内涵传达给观众，引发人们对文化的思考和探索。

(二) 现代审美需求

需要考虑现代审美需求，即在保留传统文物特点的基础上，适当融入现代审美观念和设计理念，使产品更符合当代人的审美需求。这种设计理念旨在创造既具有传统文物独特魅力又能与现代生活融合的产品，促进传统文化在当代社会的传承和发展。现代审美注重简约、清新、自然的设计风格。设计师可以通过简洁的线条、

---

[1] 陈建辉，程亚峰. 咸阳尧陵遗址定名刍议[J]. 文物鉴定与鉴赏，2022 (5)：148-150.

清新的色彩和自然的材质，使产品更符合现代审美观念，增强产品的时尚感和美观性。

现代审美追求个性化和多样化。设计师可以通过创新的设计理念和多样化的表现形式，满足不同人群的审美需求，使产品更具有市场竞争力和吸引力。现代审美注重功能性和实用性。设计师在融入现代审美元素的同时，还要考虑产品的实际使用功能和场景需求，确保产品既具有艺术性和观赏性，又具有一定的实用性和功能性。

(三) 功能性与实用性

需要考虑到产品的功能性和实用性，以确保产品不仅具有艺术性和观赏性，同时也具有一定的实用性和功能性。这样的设计理念旨在使产品既能够传达文物的历史文化内涵，又能够满足人们日常生活的实际需求，提升产品的实用价值和用户体验。产品设计应考虑到实际使用场景。设计师需要充分了解产品的使用对象和使用环境，设计出符合实际需求的产品形态和功能结构，确保产品能够在实际生活中得到有效应用。设计师在考虑产品的艺术性和观赏性的同时，还要注重产品的实用性和功能性，确保产品具有一定的实用功能，能够满足用户的基本需求。产品设计还应考虑到用户体验。设计师需要从用户的角度出发，考虑产品的易用性和舒适度，使产品能够提升用户的使用体验和生活品质。

(四) 文化内涵的传达

需要能够有效传达文物背后的历史、文化和艺术内涵，引导人们了解和关注文物的价值。这样的设计理念旨在通过产品的设计和表现形式，向观众传达文物所代表的文化价值和精神内涵，引发人们对文物的思考和探索。设计要能够准确表达文物所代表的历史和文化内涵。设计师需要深入研究文物的历史渊源和文化背景，通过设计的方式，将文物所代表的历史、文化和艺术内涵生动地呈现出来，引发人们对文物背后故事和价值的关注。

设计要能够引起观众的共鸣和情感共鸣。使观众能够感受到文物所传达的情感和价值观，引发观众对文物的情感共鸣，从而增强观众对文物的认同感和关注度。设计要能够激发人们对文物的研究和探索兴趣。

(五) 材料与工艺

选择符合文物特点和设计要求的材料和工艺是非常重要的。这样可以保证产品的质量和工艺水平，提升产品的观赏性和使用寿命。材料选择应考虑到文物的特点和保护需求。文物文化产品的材料应该具有良好的稳定性和耐久性，能够保护文物不受外界环境和气候的影响,确保文物的长期保存和展示。工艺选择应考虑到产品的设计和制作要求。设计师需要根据产品的设计理念和表现形式,选择适合的工艺方法和技术,保证产品的制作质量和工艺水平,使产品更具观赏性和艺术性。材料和工艺的选择还应考虑到产品的实际使用需求和功能要求。设计师需要根据产品的实际使用场景和功能需求,选择符合要求的材料和工艺,确保产品能够满足用户的使用需求和期待,提升产品的使用寿命和用户体验。

(六) 市场需求的考量

在设计过程中,考虑市场需求和潜在受众群体至关重要。这确保了产品不仅符合用户期望,还能获得市场认可并取得销售成功。市场需求是指消费者对产品或服务的需求程度,是产品设计的重要依据之一。了解市场需求可以帮助设计团队更好地把握市场动态,提供更具竞争力的产品。下面将详细探讨在产品设计中考虑市场需求的重要性和方法。考虑市场需求可以帮助设计团队更好地了解用户的需求和偏好。通过市场调研和用户反馈,设计团队可以深入了解目标用户的需求,包括他们的喜好、习惯以及对产品功能和性能的期望。这有助于设计团队确定产品的设计方向,确保产品能够满足用户的实际需求,提高产品的市场竞争力。

考虑市场需求可以帮助设计团队把握市场趋势,预测未来的市场需求。市场需求是不断变化的,随着科技和社会的发展,用户的需求也在不断演变。设计团队需要密切关注市场动态,及时调整产品设计,以适应市场的变化。只有与市场需求保持同步,产品才能在市场上获得成功。考虑市场需求还可以帮助设计团队确定产品的定位和差异化竞争策略。通过分析市场需求和竞争对手的产品,设计团队可以找到产品的定位点和差异化亮点,从而在竞争激烈的市场中脱颖而出。定位明确的产品更容易被市场接受,也更容易建立品牌忠诚度,从而实现销售的增长和市场份额的提升。

(七) 文物保护与创新

文物保护原则是保护和传承文化遗产的核心,而创新则是促进文物文化产品发展的动力。在设计中,需要充分考虑如何在保护文物的基础上,通过创新的设计理念和表现形式,为文物注入新的活力和价值。设计应当尊重文物的历史和文化背景,保护其原始面貌和真实性。应避免过度修复和改造,尽量保留文物的原始痕迹和历史感。同时,设计也要考虑到文物的特殊性和易损性,选择合适的材料和工艺,确保设计方案不会对文物造成损害。

设计应具有创新性,通过独特的设计理念和表现形式,赋予文物新的生命和意义。可以借鉴现代设计理念和技术手段，将传统文物与现代元素相融合，创造出既具有传统文化特色又符合现代审美需求的作品。这种创新设计不仅能够吸引更多的观众，也能够为文物注入新的文化内涵，推动文物文化产品的发展。设计还应注重与社会、市场的互动，积极开展文物文化产品的推广和传播工作。可以通过展览、演出、出版等形式，向公众展示文物的魅力和价值，增强公众对文物保护的认识和支持。同时，设计也要考虑到市场需求，设计出符合市场需求的文物文化产品，提升产品的竞争力和市场影响力。

（八）品牌与推广

在当今竞争激烈的市场环境下，建立良好的品牌形象并通过有效的推广和营销策略提升产品的知名度和市场竞争力至关重要。品牌是企业的重要资产之一，是企业与消费者之间建立信任和认可的桥梁。通过建立强大的品牌形象，企业可以更好地吸引消费者，提高产品的销售额和市场份额。建立良好的品牌形象是提升产品知名度和市场竞争力的关键。品牌形象不仅包括产品的外观设计和包装，还包括企业的文化、价值观以及对社会的责任感。通过建立独特的品牌形象，企业可以在竞争激烈的市场中脱颖而出，吸引更多消费者的关注和认可。

通过有效的推广和营销策略，可以更好地传播品牌形象，提升产品的知名度和美誉度。推广和营销策略可以包括广告宣传、促销活动、公关活动等多种形式，通过多渠道、多角度地传播品牌形象，吸引更多的消费者，提高产品的销售量和市场份额。建立良好的品牌形象还可以帮助企业在市场竞争中获得更多的竞争优势。消费者往往更愿意购买知名度高、信誉好的产品，而建立良好的品牌形象可以提高产品的信誉度和美誉度，从而获得消费者的信任和支持。通过不断提升品牌形象，企业可以在市场竞争中占据更有利的位置，实现长期的市场领先地位。

二、文物文化产品的开发

（一）历史文化价值的挖掘与传承

挖掘和传承历史文化价值是文物文化产品开发中的重要任务。文物承载着丰富的历史和文化内涵，通过对文物的深入研究和理解，可以挖掘出其所蕴含的深厚历史文化价值，从而通过文物文化产品的开发传承这些价值，让更多人了解和关注文物所承载的历史和文化意义。文物作为历史的见证者，承载着丰富的历史信息和文化遗产。通过对文物的研究和解读，可以深入了解古代社会的政治、经济、文化等方面的情况，从而揭示出文物背后蕴含的深刻历史意义。通过文物文化产品的开发，可以将这些历史文化价值传承下去，让更多人了解和感受到历史的魅力和文化的博大精深。

文物文化产品的开发不仅是对历史文化价值的传承，也是对文化创新的一种尝试。通过将传统文物与现代设计相结合，创造出具有时代特色和审美价值的产品，既能传承文物的历史文化价值，又能符合现代人的审美需求，使文物焕发新的生命力和活力。文物文化产品的开发也是对文物保护的一种有效方式。通过开发文物文化产品，可以增加对文物的关注和重视，促进文物的保护和修复工作。同时，文物文化产品的开发也可以为文物的保护提供一定的经济支持，保障文物保护工作的持续进行。

（二）创意设计与工艺表现

在文物文化产品的设计中，融入创新的设计理念和工艺表现是至关重要的。这种设计不仅能展现传统文化的魅力，还能符合现代审美和实用性，吸引更多消费者的关注和喜爱。创意设计和工艺表现不仅仅是对传统文化的传承和展示，更是对传统文化的一种赋予和延续，为文物注入新的生命力和时代感。创意设计可以通过对传统文物的重新解读和诠释，赋予产品新的意义和价值。设计师可以从传统文物中汲取灵感，结合现代设计理念和审美趋势，创造出独具特色的文物文化产品。这种创意设计不仅可以展现传统文化的魅力，还可以为传统文物赋予新的生命力，吸引更多年轻人的关注和喜爱。

传统文物往往具有精湛的工艺和独特的表现形式，通过工艺的传承和创新，可以使产品更具观赏性和收藏价值。设计师可以借鉴传统工艺技术，结合现代工艺手段，打造出具有传统韵味和现代气息的产品，提升产品的艺术品位和文化内涵。创意设计和工艺表现也是文物文化产品在市场上脱颖而出的关键。随着消费者审美观念的不断变化和提升，传统的文物文化产品已经不能满足现代人的需求，需要通过创新的设计和工艺表现来吸引消费者的关注和购买。只有不断提升设计水平和工艺技术，才能在激烈的市场竞争中占据一席之地，实现产品的市场化和商业化。

（三）科技与传统相结合

在文物文化产品的开发中，科技与传统的结合是一种重要的发展趋势。通过运用现代科技手段，如虚拟现实（VR）、增强现实（AR）等技术，可以将文物文化产品呈现出更加生动和立体的效果，提升用户体验和参与度，为文物的传承和展示注入新的活力。虚拟现实（VR）技术可以让用户身临其境地体验文物文化产品。用户可以近距离观赏文物，感受文物所蕴含的历史和文化氛围。这种沉浸式的体验可以使用户更加深入地了解和感受文物，增强其对文物的认知和兴趣。增强现实（AR）技术可以使文物文化产品与现实世界相结合，实现虚拟与现实的融合。

通过增强现实技术，用户可以通过手机或平板电脑等设备，观看文物的三维模型或实景重现，了解其历史和故事。这种交互式的体验可以使用户更身临其境地了解文物，增强其对文物的情感和认同。利用互联网和移动设备等现代科技手段，可以将文物文化产品推广到全球范围。通过建立数字化展示平台和在线展览，可以让更多的人通过互联网了解和参与文物文化产品，促进文物的传承和推广。同时，利用社交媒体等渠道，可以将文物文化产品推广到更广泛的受众群体，提升产品的知名度和影响力。

（四）市场调研与定位

在开发文物文化产品之前，进行市场调研是非常重要的。市场调研可以帮助我们了解目标用户的需求和偏好，从而确定产品的定位和市场定位策略，以确保产品的市场竞争力和销售前景。通过市场调研，我们可以更好地把握市场动态，提高产品的市场适应性和用户满意度。通过调查问卷、访谈等方式，我们可以收集到用户的反馈意见，了解他们对文物文化产品的期望和需求，从而确定产品的设计方向和功能设置。这样可以确保产品更加符合用户的实际需求，提高用户的使用体验和满意度。

市场调研可以帮助我们确定产品的定位和市场定位策略。通过分析市场竞争状况和潜在市场空间，我们可以确定产品的差异化定位和目标市场，制定相应的营销策略和推广计划，提高产品在市场上的竞争力和知名度。这样可以有效地吸引目标用户的关注，提升产品的销售额和市场份额。市场调研还可以帮助我们了解竞争对手的情况和行业发展趋势。通过对竞争对手的产品和营销策略进行分析，我们可以找到自己的优势和劣势，及时调整产品和营销策略，提高产品的竞争力和市场地位。同时，通过了解行业发展趋势，我们可以及时调整产品的研发方向和市场定位，抢占市场先机，实现产品的长期发展和持续盈利。

（五）文化创意产业的发展

文物文化产品的开发不仅可以促进文物保护和传承，还可以推动文化创意产业的发展，为社会经济的持续增长和文化软实力的提升做出贡献。文物文化产品作为文化创意产业的重要组成部分，具有独特的文化价值和经济潜力，对于推动文化产业的发展和繁荣具有重要意义。文物文化产品的开发可以促进文物保护和传承。通过将文物制作成文化产品，可以将文物的历史和文化价值传递给更多的人，增强公众对文物的认识和理解，进而提高对文物的保护意识和行动。这有助于保护文物不受破坏和流失，确保文物的传承和永久保存。

文物文化产品的开发可以推动文化创意产业的发展。文物作为源头和灵感的提供者，可以激发设计师和创意团队的创造力，促进文化产品的创新和多样化。可以打造具有地方特色和文化魅力的产品，提升文化产业的品牌效应和市场竞争力，促进文化产业的健康发展。文物文化产品的开发也可以为社会经济的持续增长和文化软实力的提升做出贡献。文物文化产品作为一种具有经济价值和文化内涵的产品，可以创造就业机会，促进地方经济的繁荣。同时，文物文化产品也可以作为文化输出的重要载体，提升国家和地区的文化影响力和国际竞争力，推动文化软实力的提升。

（六）品牌建设与推广

在文物文化产品的开发过程中，品牌建设与推广是至关重要的一环。通过建立品牌意识和品牌认知，以及通过有效的推广和营销策略，可以提升产品的知名度和美誉度，扩大产品的市场影响力和市场份额。品牌建设不仅可以增强产品的竞争力，还可以提升产品的附加值和市场地位，为产品的长期发展打下坚实基础。品牌建设可以提升产品的知名度和美誉度。通过建立独特的品牌形象和品牌故事，可以吸引消费者的注意和兴趣，建立起消费者对产品的信任和好感。同时，通过品牌推广和宣传活动，可以扩大产品的曝光度，增强产品在消费者心中的印象，提升产品的美誉度。

品牌建设可以提升产品的市场影响力和市场份额。通过建立强大的品牌效应和品牌认知度，可以吸引更多的消费者选择和购买产品。同时，通过品牌推广和营销策略，可以拓展产品的销售渠道和市场范围，进一步扩大产品的市场影响力和市场份额。品牌建设还可以增强产品的竞争力和市场地位。在同类产品竞争激烈的市场环境中，建立起强大的品牌形象和品牌忠诚度，可以帮助产品在市场上脱颖而出，赢得消费者的青睐和信赖。同时，品牌建设还可以提高产品的附加值和市场地位，为产品的长期发展奠定坚实基础。

（七）产业链合作与资源整合

文物文化产品的开发涉及多个环节，包括文物保护机构、设计师、生产厂家、销售渠道等，需要各个环节的合作和资源整合，形成完整的产业链条，实现优势互补，推动产业的良性发展。文物保护机构是文物文化产品开发的重要合作伙伴。文物保护机构具有丰富的文物资源和专业知识，可以为产品开发提供文物资源支持和技术指导。通过与文物保护机构的合作，可以确保产品的文化内涵和历史价值得到有效传承和展示，提高产品的文化品质和市场竞争力。

设计师具有创意和设计能力，可以将文物的历史和文化元素融入产品设计中，打造具有地域特色和文化魅力的产品。通过与设计师的合作，可以为产品赋予独特的品牌形象和设计风格，提升产品的市场认知度和美誉度。生产厂家是文物文化产品开发的重要环节。生产厂家具有生产技术和生产能力，可以根据产品设计要求，生产高质量、高品质的文物文化产品。通过与生产厂家的合作，可以确保产品的生产质量和生产效率，提高产品的市场竞争力和销售能力。销售渠道是文物文化产品开发的关键环节。销售渠道可以将产品推广和销售到市场，扩大产品的销售范围和市场份额。通过与销售渠道的合作，可以实现产品的销售网络和销售渠道的拓展，提高产品的市场覆盖率和销售量。

第三节　文物文化产业的发展与规划

一、可移动文物文化产业的发展

（一）文物保护与传承

随着社会经济的发展和人们文化消费水平的提高，文物保护与传承变得尤为重要。可移动文物文化产业的发展为文物的保护与传承提供了新的途径和方式。通过制作文物复制品或将文物元素融入文化产品中，可以实现对文物历史和文化价值的传承，同时降低原始文物的使用频率，减缓其磨损和风险。文物作为历史的见证者和文化的载体，承载着丰富的历史文化价值。然而，由于时间的推移和环境的变迁，许多文物面临着破坏和流失的危险。为了更好地保护和传承文物的历史和文化价值，人们开始探索新的途径和方式，其中可移动文物文化产业的发展成为一个重要的方向。

可移动文物文化产业的发展，一方面通过制作文物复制品的方式，实现了对文物历史和文化价值的传承。制作文物复制品可以使原始文物得到有效保护，减少了其暴露在外部环境中的风险。同时，复制品的制作也可以使更多的人有机会接触和了解文物的历史和文化价值，促进了文物历史和文化价值的传承和弘扬。另一方面，可移动文物文化产业的发展也通过将文物元素融入文化产品中的方式。将文物元素融入文化产品中，不仅可以使文物的历史和文化价值得到传承，还可以为文化产品增添独特的文化魅力和历史底蕴，提升了文化产品的价值和吸引力。

(二) 文创产品创新

随着可移动文物文化产业的发展，文创产品的创新日益受到重视。将文物元素与现代设计相结合，创造出符合时代需求的文创产品，不仅提升了产品的美观性和实用性，还增加了产品的市场吸引力。传统的文化产品往往受制于传统工艺和设计理念，缺乏现代审美和实用性，难以吸引年轻一代的消费者。而通过将文物元素与现代设计相结合，可以创造出更具时代气息和创意性的文创产品，更好地满足了现代人对于文化产品的需求。

通过将文物元素与现代设计相结合，赋予产品独特的文化魅力和历史底蕴，吸引了更多消费者的关注和喜爱。同时，创新的设计理念和工艺表现也提升了产品的附加值和市场竞争力，为文创产品的推广和销售打下了良好的基础。文创产品的创新不仅可以满足消费者对于文化产品的需求，还可以推动文化产业的发展。通过创造出更具创意和市场潜力的文创产品，可以吸引更多的资源进入文化产业，推动文化产业的良性发展，为文化产业的转型升级和跨界融合提供了新的动力和契机。

(三) 文化旅游推动

文物展览、博物馆等活动吸引了大量游客，推动了当地旅游业的繁荣，促进了当地经济的发展。文化旅游是旅游业的一个重要组成部分，也是可移动文物文化产业的重要应用领域之一。随着人们文化消费观念的提升和旅游需求的多样化，越来越多的人选择通过参观文物展览、博物馆等活动来体验文化的魅力，进而推动了文化旅游的发展。

可以让游客近距离接触和了解文物的历史和文化价值，增强了游客对于文物的认知和体验，同时也为当地旅游业的发展带来了新的机遇和挑战。文物展览的成功举办，不仅可以吸引更多的游客，还可以提升当地旅游业的知名度和美誉度，促进了当地旅游业的繁荣和发展[1]。博物馆是文化旅游的重要场所之一。作为展示和保护文物的重要机构，博物馆承载着丰富的历史和文化内涵，吸引了大量游客前来参观和体验。通过举办丰富多样的展览和活动，博物馆为游客提供了一个了解文化遗产、感受历史文化的重要平台，推动了文化旅游的发展和繁荣。

(四) 文化软实力提升

可移动文物文化产业的发展对于提升国家的文化软实力起到了重要作用。通过

---

[1] 李倩倩."互联网+"开创文物保护新格局[J]. 文化产业, 2024(3): 112-114.

文物文化产品的输出和国际交流合作，增强了国家在国际文化领域的影响力和地位，提高了国家的文化认可度和国际形象。文化软实力是一个国家在的国际影响力上的重要体现，也是国家综合国力的重要组成部分。可移动文物文化产业的发展为国家提升文化软实力提供了重要途径和平台。通过将具有代表性的文物文化产品输出到国际市场，可以让更多的国际人士了解和认可国家的文化底蕴和历史传统，提高国家在国际上的文化认可度和形象。同时，可移动文物文化产业的发展还促进了国际文化交流与合作。通过与其他国家和地区开展文化交流与合作，可以促进文物文化产品的互相借鉴和共享，推动不同文化之间的交流与融合，增进各国人民之间的相互了解和友谊，提升国家在国际上的软实力和影响力。

（五）市场需求与定位

通过市场调研了解目标用户的需求和偏好，确定产品的市场定位策略，确保产品能够获得市场认可和销售。市场需求的不断变化和多样化，要求可移动文物文化产业不断创新，推出符合市场需求的文物文化产品。市场定位是可移动文物文化产业成功的关键。通过确定产品的定位和市场定位策略，可以明确产品的目标市场和受众群体，确定产品的差异化竞争策略，提高产品在市场上的认可度和竞争力。同时，市场定位还可以帮助企业更好地了解市场需求和竞争环境，为产品的开发和推广提供重要参考。

二、可移动文物文化产业的规划

（一）产业发展现状分析

可移动文物文化产业是指以可移动文物为核心资源，通过文物保护、研究、展示、利用等活动，推动文化产业发展的产业形态。自古以来，人类文明在不同地域和历史时期留下了丰富多彩的文物，这些文物承载着人类的历史记忆和文化精神，对于传承和弘扬优秀文化传统、促进社会文明进步具有重要意义。可移动文物文化产业的发展历程可以追溯到古代的文物收藏和保护活动。在中国，早在商代晚期就有了收藏和珍藏文物的习俗，历代帝王、文人雅士都有收藏文物的爱好。到了近现代，随着文物保护意识的增强和文化产业的兴起，可移动文物文化产业逐渐形成并得到了进一步发展。

目前，可移动文物文化产业在全球范围内呈现出蓬勃发展的态势。各国政府和相关机构重视文物保护和文化遗产利用工作，加大投入，制定相关政策，促进文物保护与文化产业融合发展。在中国，随着国家文物保护政策的不断完善和文化产业政策的逐步落实，可移动文物文化产业得到了迅猛发展。越来越多的文物机构和文化企业涌现出来，推动了文物保护与利用工作的开展。可移动文物文化产业具有以下几个特点。文物资源丰富多样，包括书画、陶瓷、青铜器、玉器、金银器等各类文物，涵盖了多个历史时期和文化领域。文物保护与利用相结合，既要保护文物本身的完整性和真实性，又要通过合理利用，实现文物的社会效益和经济效益。产业链条完整，涵盖了文物保护、研究、展示、交流、销售等多个环节，形成了完整的产业生态系统。具有深厚的文化内涵和历史积淀，为人们了解和认识历史文化、传承和弘扬民族文化提供了重要资源。

（二）规划目标与原则

在可移动文物文化产业规划中，确立明确的总体目标和发展原则至关重要。总体目标应当是促进可移动文物的保护、传承和利用，推动文化产业的繁荣和可持续发展。为实现这一总体目标，应当遵循以下发展原则。坚持以文物保护为核心。文物是文化的载体，保护好每一件文物是我们对历史和文化的尊重，是我们对后人的责任。在发展可移动文物文化产业的过程中，要将文物保护摆在首位，加强文物的保护修复工作，确保文物的完整性和真实性。文物承载着丰富的历史文化内涵，是传承和弘扬优秀文化传统的重要载体。要注重挖掘和传承文物所蕴含的优秀文化传统，通过展览、教育等形式，向公众传播和普及优秀文化传统。

可移动文物文化产业不仅仅是文物保护工作，更是一个具有巨大经济潜力的产业。在发展过程中，要充分挖掘文物的文化价值和经济价值，推动相关产业链的发展，促进文化产业的繁荣和经济的增长。文物保护工作需要不断创新，采用先进的技术和方法，提高文物保护的科技含量和效果。在文化产品开发和营销中也要不断创新，推出更具吸引力和市场竞争力的文化产品，满足不同层次、不同需求的人群。可移动文物文化产业的发展必须是可持续的，既要考虑当前的经济效益，也要注重文物资源的长期利用和传承，保护好文物资源。

（三）产业布局规划

为了促进可移动文物文化产业的发展，需要根据地域文化特色和文物资源分布情况，合理规划产业布局，确定重点发展区域和重点项目。产业布局规划应当根据各地的实际情况和需求，科学确定发展的路径和方向，促进可移动文物文化产业的良性发展。

在中国这样一个历史悠久、文化底蕴深厚的国家，可移动文物资源分布广泛且种类繁多。因此，产业布局规划应当充分考虑地域文化特色，科学合理地确定发展重点。对于文物资源丰富的地区，可以重点发展文物保护和展示业态，打造具有地方特色的文化品牌；对于文物资源较为匮乏的地区，可以发展文物展览巡回、文物数字化等业态，通过技术手段推广文化遗产。同时，根据文物资源的不同特点，确定重点发展项目。对于具有较高历史价值和艺术价值的文物，可以重点发展相关展览和研究项目，吸引更多观众和学者参与；对于文物保护技术含量高、市场前景好的项目，可以重点发展相关技术研究和应用，提升产业附加值。

(四) 产业结构优化

为了提升可移动文物文化产业的核心竞争力，需要通过技术创新、人才培养等措施，优化产业结构。产业结构的优化将有助于推动文物保护与利用工作的深入开展，提高文化产品的质量和市场竞争力，实现可移动文物文化产业的可持续发展。通过引进先进的技术设备和管理模式，提高文物保护和利用的效率和质量。例如，可以实现文物数字化展示，为公众提供更加直观、生动的文物观赏体验；利用智能化技术，可以实现文物保护和管理的自动化和智能化，提高工作效率。

培养具有专业知识和技能的高水平人才，是推动产业结构优化升级的关键。要注重培养文物保护、文物鉴赏、文物管理等方面的专业人才，提高他们的综合素质和创新能力，为可移动文物文化产业的发展注入新的活力。此外，还可以通过合理配置资源，加强产业链条的衔接。例如，建立健全的文物保护与利用机制，形成文物保护、研究、展示、销售等环节有机衔接的产业链条，提升整体产业的附加值和竞争力。

(五) 产业链条延伸

需要拓展产业链条，推动相关产业的协同发展，提高整体产业附加值。产业链条的延伸可以使文物保护与利用工作更加全面，文化产品更加丰富多样，从而推动可移动文物文化产业的健康发展。产业链条的上游延伸包括文物的发掘、收集和整理等环节。通过加强文物的发掘和收集工作，可以为文物保护和利用提供更多的资源基础。同时，对文物的整理和分类工作也是产业链条上游的重要环节，可以为后续的文物保护、研究和展示工作提供支持。

产业链条的下游延伸包括文物展览、文物交流和文物销售等环节。可以让更多的人了解和欣赏文物，推动文物保护与利用工作的深入开展。文物交流是推动文物保护与利用工作国际化的重要途径，可以促进不同地区、不同文化之间的交流与合作。文物销售是产业链条下游的重要环节，可以通过商业化运作提高文物的经济效益，为文物保护与利用工作提供资金支持。此外，还可以通过产业链条的横向延伸，推动相关产业的协同发展。例如，与文物保护相关的科研机构和高校可以开展合作研究，推动文物保护技术的创新和应用；与文物展览相关的文化企业可以开展合作项目，推动文物展览业态的创新和发展。

(六) 市场开拓与推广

为了拓展可移动文物文化产业的市场，提升文化产品的知名度和影响力，需要制定有效的市场开拓策略，积极推广文物文化产品，拓展文化消费市场。市场开拓与推广是可移动文物文化产业发展的重要环节，对于促进文物保护与利用工作的深入开展，提高文化产品的市场竞争力具有重要意义。可以通过举办文物展览、文化活动等形式，提升文物文化产品的知名度和影响力。可以吸引更多的观众参观，推动文物保护与利用工作的开展。同时，通过举办文化活动，如文化讲座、文化展演等形式，也可以加强文物文化产品的宣传推广，提升其在市场上的地位和形象。

可以通过建立文物文化产品的销售渠道。建立多样化的销售渠道，如线上销售平台、文化礼品店等，可以更好地满足不同消费群体的需求，提高文物文化产品的销售额和市场占有率。同时，还可以通过与旅游、文化创意等相关产业合作，推出联合产品，拓展文化消费市场，实现产业链的互动发展。可以通过加强文物文化产品的品牌建设，提升其市场竞争力。品牌是文物文化产品的重要标识，具有一定的影响力和号召力。通过加强品牌建设，提升文物文化产品的品牌知名度和美誉度，可以吸引更多的消费者关注和购买，推动产业的健康发展。

第八章 可移动文物的国际合作与交流

第一节 文物保护的国际合作机制

为了促进可移动文物保护的国际合作，建立国际合作机制至关重要。国际合作机制可以促进文物保护经验和技术的交流与分享，共同应对跨国界的文物保护挑战，推动可移动文物的保护与传承工作。

一、国际组织合作

国际组织在可移动文物保护方面发挥着重要作用，其中包括联合国教科文组织（UNESCO）、国际博物馆协会（ICOM）、国际文物保护委员会（ICPRCP）等。这些组织通过组织国际会议、培训项目和研究项目，促进各国文物保护机构之间的交流与合作，推动可移动文物保护工作的开展。联合国教科文组织（UNESCO）作为国际社会保护文化遗产的重要组织，通过制定《文化遗产保护公约》，鼓励各国加强对文化遗产的保护与管理。UNESCO还定期举办国际会议和研讨会，为各国文物保护工作者提供交流合作的平台，推动可移动文物保护工作的国际合作。

国际博物馆协会（ICOM）致力于促进博物馆事业的发展，通过组织国际会议和展览等活动，加强各国博物馆之间的交流与合作。ICOM还制定了《博物馆守则》，规范博物馆的运作和文物的保护，为可移动文物保护提供了指导和支持。国际文物保护委员会（ICPRCP）是专门致力于推动文物保护工作的国际组织，通过组织培训项目和研究项目，提升各国文物保护机构的专业水平和技术能力。ICPRCP还通过发布文物保护的最新成果和技术进展，促进各国在文物保护方面的交流与合作。

二、双边合作协议

建立双边合作协议是各国保护和管理跨境流动文物的重要途径。通过签订协议，可以明确双方在文物保护方面的责任和义务，促进文物交流与合作，推动文物保护工作的开展[1]。双边合作协议可以规定文物的交流与共享。各国可以协商确定文物交

---

[1] 程群.晋作家具文物现状调查及保护对策试析[J].文物鉴定与鉴赏，2024（2）：40-43.

流的具体内容和方式,包括展览、展示、培训等形式,促进文物之间的交流与互鉴。通过文物交流,可以增进各国之间的友谊和理解,推动文化的传承与发展。

协议还可以规定双方在文物保护方面的共同研究与合作。各国可以共同开展文物的保护与修复工作,共同研究文物的历史和文化价值,推动文物保护技术的创新与发展。通过共同研究与合作,可以提高文物保护工作的效率和水平,促进文物的可持续发展。此外,协议还可以规定双方在联合展览和文化活动方面的合作。各国可以共同策划和举办文物展览、文化节庆等活动,展示各自的文化遗产,促进文化的多样性和交流。通过联合展览和文化活动,可以扩大文物的影响力和知名度,推动文化产业的发展。

三、国际交流与培训

国际交流与培训是促进文物保护人员之间技术和经验共享的重要途径。通过国际交流与培训活动,可以加深各国文物保护人员之间的了解与合作。国际交流可以通过双边或多边形式进行。双边交流可以使文物保护人员更深入地了解对方国家的文物保护工作,促进双方在文物保护方面的合作与交流。多边交流则可以促进各国文物保护人员之间的交流与合作,推动文物保护工作的共同进步。

国际交流可以采取实地考察、学术讨论和技术培训等形式。通过实地考察,文物保护人员可以亲自参观其他国家的文物保护工作现场,了解其工作情况和经验做法。学术讨论可以促进各国文物保护人员之间的学术交流与合作,推动文物保护理论的发展。技术培训可以提升文物保护人员的专业水平。通过国际交流与培训,可以促进文物保护人员之间技术和经验的共享,推动文物保护工作的开展与发展。这种交流与培训不仅有助于提高文物保护的水平和质量,还可以促进各国文化遗产的传承与发展,推动文化的多样性和交流。

四、文物返还与流失防控

国际合作可以加强对于文物返还和流失防控的合作。各国可以通过合作协议和机制,共同打击文物走私和非法流失行为,保护好每一件可移动文物。

(一) 合作协议签订

文物返还与流失防控的重要性日益凸显,各国可以通过签订合作协议,明确双方在这一领域的责任和义务,加强对文物走私和非法流失行为的打击。合作协议的签订是文物返还与流失防控工作的基础。协议可以规定各国在文物返还与流失防控方面的具体合作内容和方式,包括情报共享、执法合作、文物追踪等。通过合作协议的签订，可以加强各国之间的合作与协调，共同保护文物的完整性和安全性。

各国可以建立文物走私和非法流失情报共享机制，及时分享相关情报和线索。通过情报共享，可以提高对文物违法行为的监测和打击能力，有效遏制文物走私和非法流失行为。各国可以开展文物执法合作，加强对文物走私和非法流失行为的打击力度。可以通过联合执法行动、跨境追逃等方式，打击文物犯罪活动。此外，合作协议还可以规定文物追踪与返还工作。各国可以共同开展文物追踪工作，努力追回流失的文物并将其返还原属国家。通过追踪和返还工作，可以有效遏制文物走私和非法流失行为，保护好文物的完整性和安全性。

（二）情报共享

建立文物走私和非法流失情报共享机制是国际合作中重要的一环。各国可以通过这种机制及时分享相关信息和线索，以加强对文物违法行为的监测和打击，提高文物保护的效率和水平。情报共享机制的建立可以通过多种途径实现。首先，各国可以建立专门的情报共享平台，用于收集、整理和传递文物走私和非法流失的情报。其次，可以建立联合情报中心，由各国共同管理，负责收集和分析相关情报，及时向各国提供情报支持。最后，还可以通过定期举行国际会议和研讨会的方式，促进情报的交流与共享。情报共享的实质是信息共享、资源共享、责任共担。各国应共同努力，建立起信息互通、协同作战的机制，共同维护文物的安全和完整。只有通过共享情报，各国才能更好地应对文物违法行为带来的挑战，推动文物保护工作向前发展。

（三）执法合作

各国可以联合开展打击文物走私和非法流失的行动，共同制定行动计划和实施方案，集中力量打击文物犯罪活动，保护文物的安全。跨境追逃是文物执法合作的另一种重要方式。各国可以开展跨境追逃行动，追捕涉嫌文物犯罪的嫌疑人，缉拿走私文物，将其绳之以法，维护文物的合法权益。此外，合作国家还可以加强信息共享，在打击文物犯罪活动方面提供支持。各国可以建立文物执法信息共享平台，及时分享相关情报和线索，加强对文物违法行为的监测和打击。

（四）文物追踪与返还

在文化遗产保护中，文物追踪与返还是一项重要的工作。合作国家可以共同开展文物追踪与返还工作。这项工作不仅有助于保护文物的完整性和安全性，还可以有效遏制文物走私和非法流失行为。文物追踪与返还工作需要各国之间的密切合作与交流。合作国家可以建立信息共享机制，加强对文物流失的监测和追踪。同时，合作国家之间可以相互协助，共同制定返还方案，确保文物返还工作的顺利进行。合作国家可以更加有效地保护和追回流失的文物。

此外，文物追踪与返还工作也需要充分利用现代科技手段。利用卫星定位、数字化文物信息等技术手段，可以更加精准地追踪流失文物的去向，提高文物追回的成功率。同时，通过加强对文物走私活动的打击，可以有效遏制文物非法流失的现象。在追踪和返还工作中，保护文物的完整性和安全性是至关重要的。返还的文物应当得到妥善保护，避免再次遭受损坏或流失。因此，合作国家在返还文物后，还需要加强对文物的管理和保护，确保文物得到妥善保存。

（五）法律和政策配套

为加强对文物追踪与返还工作的支持和保障，合作国家可以制定和完善相关法律和政策。通过建立健全的文物保护制度和管理机制，提高文物保护的法治化水平，进一步加强对文物返还和流失防控工作的支持。文物追踪与返还工作需要法律和政策的支持。合作国家可以制定相关法律，明确文物的归属和保护责任，规范文物的追踪与返还程序。同时，合作国家还可以出台政策，对文物追踪与返还工作给予财政、技术和人力支持，为文物返还工作提供良好的环境和条件。

建立健全的文物保护制度和管理机制是保障文物追踪与返还工作的重要举措。合作国家可以建立文物保护的法治化机制，加强对文物保护工作的法律监督和保障。同时，合作国家还可以建立健全的文物管理机构，加强对文物的管理和保护，提高文物保护的专业化水平。加强对文物返还和流失防控工作的支持和保障，需要各国之间加强合作与交流。合作国家可以建立起文物保护的国际合作机制，共同制定文物保护的国际标准和规范，加强对文物流失和走私行为的打击，共同保护好世界文化遗产。

五、共同项目开展

各国可以共同策划和开展跨国界的文物保护项目，共同保护和管理重要的文物遗产。这种项目包括考古发掘、文物修复、博物馆展览等。

（一）考古发掘项目

在考古学领域，合作国家可以共同策划和开展跨国界的考古发掘项目，这种合作有助于探索和保护重要的文物遗产。通过合作开展考古发掘项目，不同国家之间可以加强文化交流与合作，共同挖掘和研究历史悠久的文明遗迹，为世界文化遗产的保护和传承做出积极贡献。跨国考古发掘项目是一项复杂而具有挑战性的任务。合作国家需要共同制定详细的计划和方案，明确发掘的目标和范围，合理安排人力和物力资源，确保考古发掘工作的顺利进行。同时，合作国家还需要充分考虑文化差异和法律法规的影响，确保考古发掘工作符合各国相关法律法规的要求。

跨国界的考古发掘项目有助于加深对历史文化的认识和理解。通过发掘和研究历史遗迹，可以揭示不同文明的发展历程和演变轨迹，丰富人们对历史的认知。同时，跨国界的考古发掘项目还有助于促进文化交流与合作，增进各国人民之间的友谊和理解，推动世界文化遗产的保护和传承。由于文化差异和法律法规的不同，合作国家在项目实施过程中可能会遇到沟通困难和合作障碍。此外，考古发掘工作本身就是一项技术性很强的工作，需要有专业的团队和设备支持，合作国家需要共同努力，克服技术难关。

(二) 文物修复项目

合作国家可以共同进行文物修复项目，通过专业的修复和保护工作，使受损的文物得到有效的修复和保护。这种合作有助于提高文物保护的技术水平，促进文物修复技术的交流和创新，共同保护好文物的完整性和价值。文物修复项目是文物保护工作中的重要环节。受损的文物需要经过专业修复人员的修复和保护，才能保持其原有的历史风貌和文化价值。合作国家可以共同策划和实施文物修复项目，共同修复和保护文物，提高文物修复的技术水平和效果。

通过文物修复项目，合作国家可以加强对文物修复技术的交流和创新。不同国家拥有各自独特的文物修复技术和经验，通过合作，可以相互学习和借鉴，促进文物修复技术的不断发展和完善。这种交流和创新有助于提高文物修复的效果和质量，保护好受损文物的完整性和价值。文物修复项目还有助于促进文化交流与理解。修复过程中，修复人员需要深入研究文物的历史和文化背景，了解文物的价值和意义。通过修复文物，可以增进人们对历史文化的认知和理解，促进各国人民之间的友谊和合作。

(三) 博物馆展览项目

在文化遗产保护领域，合作国家可以共同策划和开展跨国界的博物馆展览项目，展示和传播各国丰富的文化遗产。这种合作有助于促进文化交流与理解，增进各国人民对彼此文化的了解和尊重，为世界文化多样性的保护和传承做出积极贡献。跨国界的博物馆展览项目是一种重要的文化交流方式。合作国家可以共同策划和举办展览，展示各自国家的文化遗产，让更多的人了解和欣赏到不同文化的魅力。这种展览不仅可以增进人们对不同文化的认知，还可以促进文化交流与合作，增进各国人民之间的友谊和理解。

通过博物馆展览项目，合作国家可以传播文化遗产的价值和意义。展览不仅是展示文物的场所，更是传递文化信息和精神的平台。合作国家可以通过展览向公众传达文化遗产的重要性，引导人们关注和保护文化遗产，共同努力保护和传承好世界文化遗产。跨国界的博物馆展览项目还可以促进文化产业的发展。展览项目不仅可以吸引观众参观，还可以带动相关产业的发展，促进经济增长和就业。合作国家可以通过展览项目，促进文化产业的发展，推动文化产业与其他产业的融合发展，为经济社会的可持续发展做出积极贡献。

(四) 文化遗产保护与传承项目

合作国家可以共同开展文化遗产保护与传承项目，通过合作研究和实践，探索保护和传承文化遗产的有效途径和方法。这种合作有助于促进各国之间的文化交流与合作，共同推动世界文化遗产的保护和传承。文化遗产保护与传承项目是一项具有挑战性和复杂性的工作。合作国家需要共同制定详细的保护计划和传承策略，明确保护和传承的目标和方向，合理调配人力和物力资源，确保项目的顺利实施。

通过文化遗产保护与传承项目，合作国家可以共同探索保护和传承文化遗产的有效途径和方法。不同国家拥有各自独特的文化遗产，这种合作有助于提高文化遗产保护的技术水平和效果，促进文化遗产的可持续发展。文化遗产保护与传承项目还可以促进文化交流与合作。这种交流与合作有助于促进世界文化遗产的保护和传承，共同推动人类文明的发展和进步。

(五) 教育与培训项目

合作国家可以共同开展教育与培训项目，培养和造就更多的文物保护专业人才。通过这种项目，可以提高文物保护的专业水平和技术能力，为文物保护工作的持续发展和传承做出贡献。文物保护的教育与培训项目是一项重要的工作。合作国家可以共同制定教育与培训计划，培养具有专业知识和技能的文物保护专业人才。这些人才不仅需要具备文物保护的理论知识，还需要具备实践能力和创新精神，能够适应不同文物保护工作的需要。

通过教育与培训项目，可以提高文物保护的专业水平和技术能力。受过专业培训的人才可以更好地开展文物保护工作，保护好文物的完整性和价值。同时，他们还可以促进文物保护技术的交流和创新。教育与培训项目还可以促进文化交流与合作。通过培养和造就更多的文物保护专业人才，共同推动世界文物保护事业的发展。这种交流与合作有助于促进文物保护工作的开展，保护和传承好世界文物遗产。

(六)跨国界合作机制建设

合作国家可以共同建立跨国界的文物保护合作机制,制定相关的合作协议和规范,促进各国之间的文物保护工作更加有序和高效进行。这种机制可以促进文物保护工作的合作与交流。跨国界的文物保护合作机制是一种重要的组织形式。合作国家可以共同制定合作机制的组织结构和运作方式,明确各国在文物保护工作中的职责和义务,建立起一套完善的合作机制。这种机制可以促进各国之间的信息共享和资源整合,提高文物保护工作的效率和效果。

通过建立跨国界的文物保护合作机制,可以促进文物保护工作的合作与交流。合作机制可以为各国之间的文物保护工作提供一个合作平台,促进各国在文物保护领域的交流与合作。这种合作与交流有助于各国共同面对文物保护工作中的挑战和问题。跨国界的文物保护合作机制还可以促进世界文化遗产的保护和传承。通过合作机制,合作国家可以共同制定文物保护的标准和规范,共同推动世界文化遗产的保护和传承工作。这种机制有助于提高文物保护工作的专业水平和技术能力,保护好世界文化遗产的完整性和价值。

六、跨国界文物保护信息共享

文物保护是各国共同的责任,跨国文物保护信息共享是提高文物保护效率和水平的重要途径。通过建立信息共享平台,各国可以及时了解其他国家文物保护的最新成果、技术进展和政策举措,从而借鉴经验、互相学习。信息共享平台不仅可以促进各国之间的合作与交流,还能够提高文物保护的专业化水平和效率。在信息共享平台上,各国可以分享文物保护的最新成果。例如,某国在文物保护方面取得了重大突破,可以通过信息共享平台向其他国家介绍其保护方法和技术,让其他国家了解到这些先进的技术和方法,从而提高各国的文物保护水平。另外,各国还可以及时了解到其他国家文物保护的最新成果,了解到其他国家的文物保护现状,从而为本国文物保护提供参考和借鉴。

信息共享平台还可以促进各国在文物保护方面的技术交流与合作。各国可以在平台上分享自己的文物保护技术和方法,让其他国家了解到自己的技术优势,促进技术的交流与合作。例如,某国在文物保护方面具有独特的技术优势,可以通过信息共享平台向其他国家展示自己的技术,从而吸引其他国家与其合作,共同开展文物保护工作,提高各国的文物保护水平。各国也可以在平台上分享自己的文物保护政策和举措,让其他国家了解到自己的政策方向,促进政策的交流与合作。例如,某国在文物保护政策方面具有独特的政策优势,可以通过信息共享平台向其他国家介绍自己的政策,共同制定文物保护政策,推动各国文物保护事业的发展。

第二节 文物交流与展览合作

一、可移动文物交流

(一) 可移动文物交流的重要性

可移动文物是人类文明的重要载体,承载着历史、文化和艺术的丰富内涵。不同国家、地区的可移动文物在艺术风格、制作工艺、历史背景等方面存在着独特性和差异性,通过交流可以增进各国对文物的了解和认识,促进文物保护与传承工作的开展。

(二) 可移动文物交流的方式

1.展览交流

文物展览是一种直接展示和交流文物的方式,观众可以近距离欣赏到来自不同地区的文物,增进对文物的认识和理解。展览不仅是文物保护和传承的方式,也是一种促进文化交流与合作的平台。文物不仅仅是静态的展示品,更是承载着历史、文化和艺术内涵的载体,能够唤起观众对过去时光和文明的回忆和思考。文物展览不仅可以让观众欣赏到精美的文物,还可以通过展览设计和解说文字向观众传达文物背后的故事和意义。展览中的文物不仅是物质文化遗产,更是历史的见证者和文化的传承者。观众在欣赏文物的过程中,会被文物所蕴含的历史信息、文化内涵和艺术价值所吸引,从而增进对文物和文化的认识和理解。

文物展览还可以促进国际间的文化交流与合作。各国可以借鉴彼此的展览策划和展陈方式,共同探讨文物保护、文化传承等方面的经验和方法。同时,展览也为各国搭建了一个展示自己文化底蕴和特色的平台,增进了各国之间的相互了解和友谊[①]。展览不仅仅是文物的展示,更是一种文化的传递和交流。可以让更多的人了解和关注文物保护工作,增强公众对文物保护的认同感和责任感。展览也是文物传承和保护工作的一种推动力量,通过展览可以唤起公众对文物的关注和重视,推动文物保护工作向更广泛的方向发展。

---

① 董彧.数字化时代下的唐山博物馆文物保护与传承[J].文物鉴定与鉴赏,2024(2):48-51.

2.学术交流

学术研讨会和讲座是促进各国学者之间交流与合作的重要形式，尤其在文物保护、考古发掘和文物鉴赏等领域。这些学术活动为学者提供了一个分享研究成果、交流思想的平台，有助于推动文物研究的深入发展。学术交流不仅可以促进理论的交流，还可以促进实践经验的分享，为各国在文物保护和研究方面提供借鉴和启示。在学术研讨会和讲座中，学者们可以分享自己的研究成果和心得体会，与他人进行深入的学术讨论，共同探讨文物保护和研究中的难题和挑战。这种交流不仅可以促进学术理论的进步，还可以促进实践经验的交流，为各国文物保护和研究提供新的思路和方法。此外，学术研讨会和讲座还可以促进各国学者之间的合作与联盟。通过学术交流，学者们可以建立起合作关系，共同开展文物保护和研究项目，共同推动文物保护和研究事业的发展。这种合作不仅可以促进各国学术的交流与合作，还可以促进各国之间的友好关系，为文物保护和研究事业的发展作出更大的贡献。

3.人员交流

人员交流是促进文物保护技术和方法传播应用的重要方式，通过专业人士之间的交流合作，可以促进文物保护水平的提升。专业人士之间的交流不仅可以促进文物保护技术和方法的传播和应用，还可以促进文物保护理念的交流和碰撞。专业人士之间的交流合作可以促进文物保护技术和方法的传播和应用。通过交流合作，不同国家和地区的专业人士可以分享自己的文物保护经验和技术，学习借鉴他人的成功经验，提升自己的文物保护水平。同时，交流合作还可以促进文物保护技术和方法的创新和发展，推动文物保护事业的不断进步。

专业人士之间的交流合作还可以促进文物保护理念的交流和碰撞。不同国家和地区的文物保护工作者和考古学家对于文物保护的理念和方式可能存在差异，专业人士之间的交流合作还可以促进人才的培养和交流。同时，交流合作还可以促进人才的培养和交流，为文物保护事业培养更多的专业人才，推动文物保护事业的可持续发展。

（三）可移动文物交流的障碍与对策

1.法律法规不统一

在文物保护领域，存在着各国的法律法规不统一的现象，这给文物交流带来了一定的限制和困扰。由于各国的法律法规存在差异，文物的出境、入境以及展览等活动往往需要面对不同的法律规定和程序，增加了文物交流的难度和成本。为解决这一问题，国际社会应加强合作，制定统一的文物交流规范和标准，为文物交流提供更加便利和规范的法律环境。

文物是各国的宝贵文化遗产，文物交流是各国之间文化交流的重要方式。然而，由于各国的文物保护法律法规存在差异，导致文物交流受到了一定的限制。有些国家的文物保护法律法规过于严格，限制了文物的出境和展览，使得一些珍贵的文物无法与世界各地的观众见面；而有些国家的文物保护法律法规过于宽松，容易导致文物的非法流失和破坏。这种法律法规的不统一，不仅增加了文物交流的难度和成本，也增加了文物保护工作的复杂性和风险性。

为解决文物交流面临的法律法规不统一的问题，制定统一的文物交流规范和标准。首先，各国应加强沟通与协调，共同制定适应各国文物保护需求的文物交流规范和标准。其次，各国应建立健全的文物交流机制，加强文物交流的监管和管理，防止文物的非法流失和破坏。最后，还应加强对文物保护人员和机构的培训，提高其对文物保护法律法规的认识和遵守能力，确保文物交流活动的合法性和规范性。

2. 文物保护意识不足

文物保护意识存在不足的情况，这可能导致对文物的价值和重要性认识不足。因此，需要加强对文物保护的宣传教育，提高公众对文物的认识和尊重。文物是一个国家的历史和文化的重要载体，承载着民族的记忆，对于维护文化传承和保护国家历史遗产具有重要意义。因此，加强对文物保护的宣传教育，提高公众对文物的认识和尊重，是十分必要的。

要加强对文物保护的宣传教育，首先，需要加强对文物的宣传和普及。通过举办文物展览、举办文物保护知识讲座等活动，向公众介绍文物的价值和重要性，增强公众对文物的认识和尊重。其次，需要加强对文物保护法律法规的宣传。通过宣传法律法规，让公众了解到保护文物是每个公民的责任，增强公众对文物保护的意识和责任感。同时，还可以通过宣传文物保护的成功案例，让公众了解到文物保护的重要性，激发公众保护文物的热情和积极性。

在学校教育中加强对文物保护知识的普及，让学生了解到文物是一个国家的历史和文化的重要载体，增强学生对文物的认识和尊重，从小培养学生对文物的保护意识。此外，还可以通过开展文物保护主题的文化活动，提高公众对文物的关注度和保护意识，推动全社会形成保护文物、珍惜文化遗产的良好氛围。

3. 文物保护技术不足

文物保护技术水平存在不足的情况，可能导致无法有效地保护文物。因此，需要加强文物保护技术的交流与合作，提升文物保护技术水平，延续文物的历史价值和文化传承。要提升文物保护技术水平，需要加强技术交流与合作。各国文物保护机构可以开展技术交流活动，分享各自的文物保护技术和经验，共同探讨文物保护面临的挑战和问题，寻求解决方案。通过技术交流与合作，可以促进文物保护技术水平的提升。

培养专业的文物保护技术人才是提升文物保护技术水平的关键。各国可以加强对文物保护技术人才的培训和引进，提高其专业水平和技术能力，为文物保护技术的提升奠定人才基础。例如，利用数字化技术对文物进行保护和修复，利用先进的材料科学技术提高文物的保存质量等。

(四) 可移动文物交流的成果与影响

1. 促进文物保护

文物保护是人类文明的重要组成部分，各国应该共同努力，促进文物保护。通过交流，各国可以学习借鉴其他地区的文物保护经验和技术，提升文物保护水平，共同保护人类共同的文化遗产。文物是一个国家的历史和文化的重要见证，保护好文物对于传承和弘扬民族文化、增强国家文化软实力具有重要意义。因此，各国应该加强交流合作，共同推进文物保护事业的发展。各国可以通过举办文物保护经验交流会议、研讨会等活动，分享各自的文物保护经验和技术。另外，各国还可以加强文物保护领域的人员培训和交流。通过开展文物保护技术培训班、学术交流活动等方式，提高文物保护人员的专业水平，增强他们对文物保护的责任感和使命感。同时，还可以加强文物保护领域专家的国际交流，促进文物保护领域的专业交流与合作。

2. 促进文化交流

文物作为承载着丰富历史和文化内涵的实物，不仅反映着一个国家或地区的文化传统和历史演变，也是人类文明的共同财富。各国可以展示自己的文化传统，增进相互理解与友谊，推动世界文化多样性的发展。文物交流可以促进各国之间的文化交流与合作。通过展览、学术研讨会、文化节等形式，各国可以展示自己的文化特色和传统，增进彼此的了解和友谊。文物交流不仅可以促进文化遗产的传承与保护，还可以促进各国之间的文化交流与合作，推动世界文化的多样性与繁荣。

文物交流还可以促进各国之间的人文交流。文物是一种无声的语言，人们可以了解到不同文化背景下人们的生活方式、思维方式和价值观念，增进对彼此的理解和尊重。这有助于促进世界各国人民之间的友谊和合作，推动人类文明的共同进步。文物交流还可以推动世界文化多样性的发展。这有助于保护和传承世界各国的文化遗产，促进人类文明的发展和进步。

3. 提升国家形象

通过积极开展文物交流，可以提升一个国家在文化领域的国际声誉和形象，增强国家的软实力。文物交流是一种重要的文化外交手段，可以增强国家之间的友好关系。通过展览、学术交流等形式，增进相互了解和友谊。

文物交流活动通常会吸引大量游客和参观者，为当地经济带来一定的经济效益。同时，文物交流也会促进各国之间的文化旅游合作，推动旅游业的发展，为国家经济增长注入新动力。文物交流也是一种文化软实力的体现。一个国家拥有丰富的文物遗产，可以展示其在文化领域的强大实力和影响力，增强其在国际上的话语权和影响力。通过开展文物交流，一个国家可以向世界展示其在文化领域的独特魅力，提升国家的软实力和国际形象。

二、可移动文物的展览合作

可移动文物的展览合作是各国之间促进文化交流、增进相互了解的重要方式。通过展览合作，可以将各国珍贵的文物展示给更广泛的观众，推动文化遗产的传承和保护。

（一）展览合作的意义

1. 文化交流与理解

观众可以近距离接触和了解不同国家和地区的历史、文化和艺术特色，增进对其他文化的理解和尊重。展览作为一种直观的文化展示方式，能够打破地域和文化的隔阂，拉近不同文化之间的距离，促进文化交流与融合。展览合作可以搭建起各国之间的文化桥梁，促进文化交流与互鉴。观众可以了解到不同国家和地区的文化传统、历史演变和现代发展，增进对其他文化的认识和理解。展览作为文化交流的平台，可以让各国文化之间的交流变得更加直接和深入，为促进世界各国文化的共同繁荣贡献力量。

展览合作也可以促进世界各国之间的友好关系。各国可以向世界展示自己的文化魅力和传统，促进人与人之间的交流与合作。展览作为一种文化交流的方式，可以为各国之间建立起更加友好和平等的关系提供契机。展览合作还可以促进文化产业的发展。各国可以展示自己的文化产品和艺术作品，拓展文化市场，促进文化产品的国际交流与合作。展览作为文化产业的一种重要形式，可以为文化产业的繁荣和发展注入新的活力和动力。

2. 文物保护与传承

展览是增强对文物保护的认识和呼吁社会关注文物保护工作的重要途径。观众可以直观地了解到文物的珍贵性和历史意义，增强对文物保护的重要性的认识。展览可以将文物的历史背景、文化价值等信息展示给观众，引起社会各界对文物保护工作的关注和重视，推动文物传承与保护事业的开展。展览还可以促进文物传承与保护事业的开展。可以向公众展示文物的保护成果和工作进展，增强公众参与文物保护的意识和积极性。展览可以让更多的人了解到文物传承与保护的重要性，促进社会各界的共同参与和支持，推动文物传承与保护事业向前发展。

展览也可以提升文物传承与保护的专业水平。文物保护工作者可以向公众展示自己的工作成果和专业技术，增强自信心和专业能力。展览还可以促进文物保护工作者之间的交流与合作，推动文物保护技术的创新与发展，提升文物传承与保护的专业水平和质量。展览还可以激发公众对文物保护的热情和参与度。观众可以亲身感受到文物的魅力和价值，增强对文物的喜爱和保护意识。展览可以通过多种形式和方式吸引观众参与，让更多的人参与到文物保护事业中。

3. 增进友谊与合作

展览合作可以促进各国之间的文化交流与合作。各国可以了解到彼此的文化传统和历史，增进对对方文化的认知和理解，促进文化的交流与融合。展览作为一种文化交流的平台，可以为各国之间建立起更加密切的联系，促进文化的共同繁荣与发展。展览合作也可以促进各国之间的经济合作与发展。各国可以展示自己的经济发展成果和产业优势，吸引更多的投资和合作机会，推动经济的发展与合作。展览作为一种经济交流的平台，可以为各国之间的经济合作提供更多的机会和空间，促进国际经济的繁荣与发展。展览合作还可以促进各国之间的人员交流与互动。各国可以邀请对方的专家学者和艺术家参与展览活动，促进人员之间的交流与合作，推动人员的共同发展与进步。展览作为一种人员交流的方式，可以为各国之间的人员交流提供更多的机会和平台，促进人员之间的交流与合作。

（二）展览合作的形式

1. 巡回展览

通过巡回展览，展品可以在多个地区进行展示，为更多的观众提供了欣赏文物的机会。巡回展览可以将珍贵的文物带到不同的地方，让更多的人有机会近距离欣赏到这些文物，增进对文物的了解和认识。巡回展览也可以促进文化的交流与互动，让不同地区的人们都能够感受到文物所蕴含的历史和文化价值。巡回展览可以让更多的观众了解文物的珍贵性和历史意义。观众可以近距离接触到文物，了解到文物的制作工艺、历史背景和文化内涵，增进对文物的认知和理解。巡回展览可以让观众更加直观地感受到文物的魅力和价值，激发对文物的热爱和保护意识。

巡回展览也可以促进文化交流与互动。不同地区的人们可以共同欣赏到同一批文物，增进对彼此文化的了解。巡回展览可以打破地域的局限性，让文物的价值和魅力得以传播和传承，促进文化的交流与互动，推动文化的多样性和繁荣。巡回展览也可以促进文物的保护和传承。可以让更多的人了解到文物的珍贵性和历史意义，增强对文物的保护意识和责任感。巡回展览还可以提高文物的曝光率和知名度，促进文物的传承和发展，推动文化遗产的保护和传承事业向前发展。

2. 联合展览

联合展览是由多个国家共同举办的展览活动，旨在集中展示各国的文物，展示各国文化的多样性和丰富性。这种展览形式不仅能够让观众一次性欣赏到来自多个国家的文物精华，还能够促进各国之间的文化交流与合作，推动世界文化的多样性和繁荣。联合展览是促进各国之间文化交流与合作的重要平台。通过联合展览，各国可以共同策划和举办展览活动，展示各自的文物和文化特色，增进彼此的了解和尊重。联合展览可以为各国之间的文化交流搭建起更加广阔的平台，促进文化的交流与融合，推动世界各国文化的共同繁荣和发展。

联合展览可以展示各国文化的多样性和丰富性。联合展览可以为观众呈现出一个丰富多彩的文化世界，让人们了解到不同国家的文化传统和历史底蕴，深刻感受到世界文化的多样性和独特魅力。联合展览也可以促进各国之间的友好合作关系。各国可以共同参与展览的策划和组织工作，增进彼此之间的信任和友谊。联合展览可以为各国之间建立起更加密切的联系和合作机制，促进共同发展与繁荣。

（三）展览合作的挑战与对策

1. 文物保护与安全

展览合作是一个重要的文化交流形式，但同时也需要加强对文物的保护与安全措施。因此，在展览合作中，各国需要共同努力，加强对文物的保护与安全工作，确保文物在展览过程中得到妥善保护。文物的保护工作需要从展览策划、展览布展、展览监管等方面加以考虑和安排。各国需要制定专门的文物保护计划和措施，配备专业的保护人员和设备，确保文物在展览过程中得到全面、细致的保护与照顾。展览合作需要加强文物的保护与安全措施，以确保文物在展览过程中不受到损害或丢失。文物保护需要从文物保护意识的培养、文物保护法规的完善、文物保护技术的提升等方面着手，全面提高文物保护的水平。展览合作各国需要通力合作，共同加强文物的保护与安全措施，为文物的展览和传承创造良好的环境和条件。

2. 文化差异与传播

不同国家和地区的文化背景和价值观念不同，可能会影响观众对展览内容的理解和接受程度。因此，在展览策划与设计中，需要考虑到不同观众群体的需求和文化背景，采取针对性的策略和措施，提高展览的传播效果和吸引力。不同国家和地区的文化背景和传统习俗不同，观众对展览内容的理解和接受程度也会有所差异。

因此，需要根据不同观众群体的需求和文化背景，进行有针对性的策略和措施。不同国家和地区的文化特色和文化氛围不同，可能会对展览的传播效果产生影响。

3. 合作机制与资源整合

合作机制的建立可以促进各国之间的合作与沟通，提高展览的策划和组织效率。同时，资源整合可以充分利用各方的优势和资源，确保展览的顺利进行。展览合作需要建立起有效的合作机制，以保证展览的顺利进行。合作机制包括合作协议的签订、工作分工的明确、沟通协调的机制等。通过建立合作机制，可以使各国在展览策划和组织方面形成合力，充分发挥各自的优势，实现合作共赢的目标。展览合作还需要整合各方资源，以保证展览的成功举办。资源整合包括人力资源、财务资源、物资资源等方面。各国可以共同筹集展览所需的资源。同时，资源整合还可以提高资源利用效率，降低展览成本，实现资源的最大化利用。

第三节　文物合作项目的实施与管理

实施可移动文物合作项目需要建立有效的管理机制，确保项目顺利进行并达到预期效果。管理方面涉及项目计划、执行、监督和评估等方面，需要各方密切合作，确保项目的可持续性和有效性。

一、可移动文物合作项目的实施

(一) 项目策划与设计

在这一阶段，需要制定详细的项目计划，包括项目的目标、内容、时间安排、预算等，以确保项目的实施符合预期目标。项目的目标应该明确具体，明确项目的核心目标和实现路径，确保所有工作都围绕这一目标展开。项目的内容应该合理规划，包括项目所涉及的具体工作内容、任务分工等，确保各项工作有序展开。时间安排是项目计划中至关重要的一环，需要合理安排项目的时间节点，确保项目能够按时完成。此外，还需要考虑到可能出现的风险因素，制定相应的风险应对计划，确保项目实施过程中能够及时应对各种挑战。预算是项目计划中不可或缺的一部分，需要合理预估项目所需的经费，并确保在预算范围内完成项目。综上所述，项目策划与设计是项目实施的关键，只有制定合理的项目计划，才能确保项目能够顺利实施，达到预期目标。

（二）资源整合与调配

在项目实施过程中，需要整合包括人力、财力、物力等各方资源，以确保项目所需资源充足，并合理分配和调配资源。人力资源是项目实施过程中最重要的资源之一。要确保项目团队具有足够的专业知识和技能，能够胜任各项工作。财力资源是支撑项目实施的重要保障。要合理预算，确保项目所需经费充足，并合理分配和使用经费。物力资源也是项目实施中不可或缺的一部分。要确保项目所需设备、材料等物资充足，并合理调配使用。

（三）合作伙伴选择与协调

合作伙伴可以提供项目所需的资源和支持，加强沟通与协调，确保各方共同推动项目的实施。选择合适的合作伙伴是确保项目成功实施的关键。合作伙伴应具有相关的专业知识和经验，能够为项目的实施提供有力支持。建立良好的合作关系是推动项目实施的重要保障[①]。通过建立信任和理解，可以有效解决合作过程中可能出现的问题，确保项目顺利进行。加强沟通与协调也是确保项目顺利实施的关键。及时沟通信息，协调各方利益，可以有效避免冲突，确保项目按计划进行。

（四）项目执行与监督

在项目执行阶段，需要按照项目计划执行各项工作，加强对项目进展的监督和控制，及时发现和解决问题。项目执行是项目实施的核心环节，需要按照项目计划有序推进各项工作。执行过程中，需要密切关注项目进展情况，及时调整工作计划，确保项目目标的顺利实现。对项目进展的监督和控制是确保项目顺利进行的重要手段。通过建立有效的监督机制，可以及时发现项目执行过程中的问题，并采取相应措施加以解决，确保项目按计划推进。及时发现和解决问题也是项目执行中的关键环节。在项目执行过程中，可能会出现各种问题，需要及时发现并采取有效措施加以解决，以确保项目顺利进行。

二、可移动文物合作项目的管理

（一）团队建设与培训

团队建设与培训是项目管理中至关重要的环节。通过建立合适的团队，并对团

---

① 南普恒，王洋，王晓毅，等. 基于B/S架构的文物保护修复管理系统设计与实现[J]. 中国文物科学研究，2020(3)：41-45.

队成员进行培训，可以提升他们的专业水平和团队合作能力，确保团队高效运作。团队建设是项目成功的关键。一个高效的团队能够更好地协调合作，充分发挥每个成员的优势。培训团队成员是团队建设的重要环节。通过培训，团队成员可以不断提升自己的专业水平，增强解决问题的能力，提高团队合作的效率。通过不断地培训，团队成员可以不断提升自己的综合素质，更好地适应项目的需求。

(二) 风险评估与应对

通过及时评估项目可能面临的风险，并制定相应的风险管理措施，可以降低项目风险，确保项目顺利实施。风险评估是项目管理中的重要步骤。通过对项目可能面临的各种风险进行全面评估，可以及时发现潜在风险，并制定相应的预防和应对措施。制定风险管理措施是确保项目顺利实施的关键。针对不同类型的风险，需要制定相应的管理措施，以降低风险发生的可能性和影响程度。例如，可以通过加强项目管理、提高团队素质、完善应急预案等方式，降低项目风险。

(三) 信息共享与沟通

在项目管理中，建立有效的信息共享和沟通机制是确保项目顺利实施的重要环节。通过及时传递项目信息，可以加强各方之间的沟通与协作，提高项目管理的效率。信息共享是促进团队合作的关键。通过建立有效的信息共享机制，可以使团队成员之间及时了解项目进展情况，提高团队合作的效率和凝聚力。沟通是项目管理中至关重要的一环。有效的沟通可以帮助团队成员更好地理解项目目标和任务，减少误解和冲突。因此，建立有效的信息共享和沟通机制对于项目的顺利实施至关重要。

(四) 成果评估与总结

通过定期评估和总结项目，可以分析项目的效果和问题，提出改进建议，为下一阶段项目的实施提供经验教训。成果评估是项目管理的必要步骤。通过对项目成果进行评估，可以客观地了解项目达成的效果和目标是否符合预期，从而为项目管理提供参考。总结项目经验是项目管理的重要内容。通过总结项目，可以发现项目管理中存在的问题和不足之处，为今后类似项目的实施提供经验教训。

结　语

为了更好地保护和利用可移动文物，应该加强相关法律法规的制定和实施，建立健全的文物保护体系和利用机制，加强文物保护与利用的宣传和教育工作，提高社会各界对文物保护与利用的重视程度。只有如此，才能更好地传承和利用可移动文物，促进文化事业的发展。针对可移动文物的保护与利用研究，可以采取以下策略。

（1）跨学科合作。建立包括文物保护专家、考古学家、艺术史学家、文化遗产管理者在内的跨学科研究团队，共同研究可移动文物的保护与利用。跨学科合作可以综合各方专业知识和技术手段，提高研究的深度和广度，为可移动文物的保护与利用提供更科学、更有效的方案。

（2）数字化技术应用。运用数字化技术对可移动文物进行全面、精细的记录和保护，包括数字化建模、虚拟展览等技术手段，以减少对文物本身的损害。利用数字化平台和互联网，实现文物信息的共享和传播，让更多人了解和关注可移动文物的保护与利用工作。

（3）社会参与与教育推广。鼓励社会各界积极参与可移动文物的保护与利用，建立志愿者队伍，开展文物保护宣传、义务保护等活动。加强文物教育与推广工作，通过展览、讲座、培训等形式，形成全社会共同参与保护文物的氛围。

以上策略可以综合利用专业知识、科技手段和社会资源，全面推进可移动文物的保护与利用工作，促进文化遗产的传承与发展。

参考文献

[1] 翟杰群，贾坚，谢小林.隔离桩在深基坑开挖保护相邻建筑中的应用[J].地下空间与工程学报，2010，6(1)：162-166.

[2] 钟铮，许亮，王祺国，等.紧邻保护建筑的深基坑逆作法设计与实践[J].岩土工程学报，2010，32(增刊一)：249-255.

[3] 熊昱栋，王卫国，王黎锋，等.邻近文物的软土深基坑施工保护措施研究[J].建筑施工，2019，41(3)：398-400.

[4] 边成洋.邻近深基坑工程的历史文物建筑保护措施研究[J].建筑施工，2019，41(7)：1206-1208.

[5] 冯翠霞，陈思奇，刘立东.软土地区紧邻历史文物单位深基坑支护案例分析[J].山西建筑，2023，49(3)：91-93.

[6] 俞伟.软土地区基坑施工对邻近保护建筑的变形影响分析[J].福建建设科技，2023(1)：71-74.

[7] 李丹.文物保护与旅游开发的可持续发展探讨[J].漫旅，2022(3)：93-95.

[8] 郑果，罗明志，刘鲁.遗产旅游与可持续发展：2022《旅游学刊》中国旅游研究年会圆桌论坛三会议综述[J].旅游学刊，2022(12)：154-157.

[9] 段玉荣.文物保护与旅游开发的可持续发展研究[J].百科论坛电子杂志，2021(7)：398.

[10] 温萍萍.浅桥文物保护与旅游开发的可持续发展[J].消费导刊，2021(1)：73-74.

[11] 金磊.一部从学术传播走向理论创新的力作：单霁翔先生《从"文物保护"走向"文化遗产保护"》[J].北京城市学院学报，2009(1)：42-45.

[12] 商宏宽.周易自然观[M].太原：山西科学技术出版社，2008.

[13] 陶冶.关于青铜文物保护技术的应用和发展研究[J].文物鉴定与鉴赏，2021（19）：85-874.

[14] 陆宗润.书画修复理论[M].北京：高等教育出版社，2020.

[15] 李袁婕.《文物保护法》研究40年回顾与前瞻[J].中国文物科学研究，2022(4)：2-9.

[16] 孟祥鹏, 王东民. 菏泽市社会主义革命和建设时期革命文物代表性建筑研究 [J]. 文物鉴定与鉴赏, 2023(3): 152-156.

[17] 王华英. 乡村振兴中湖南乡土文化的保护与传承机制研究 [J]. 经济师, 2022(9): 126-128.

[18] 陈建辉, 程亚峰. 咸阳尧陵遗址定名刍议 [J]. 文物鉴定与鉴赏, 2022(5): 148-150.

[19] 李倩倩. "互联网+"开创文物保护新格局 [J]. 文化产业, 2024(3): 112-114.

[20] 郭珍. 数字化为馆藏文物保驾护航 [J]. 文化产业, 2024(3): 67-69.

[21] 曹帅. 文物保护与利用的优化策略研究 [J]. 文物鉴定与鉴赏, 2024(2): 92-95.

[22] 程群. 晋作家具文物现状调查及保护对策试析 [J]. 文物鉴定与鉴赏, 2024(2): 40-43.

[23] 董彧. 数字化时代下的唐山博物馆文物保护与传承 [J]. 文物鉴定与鉴赏, 2024(2): 48-51.

[24] 南普恒, 王洋, 王晓毅, 等. 基于B/S架构的文物保护修复管理系统设计与实现 [J]. 中国文物科学研究, 2020(3): 41-45.

[25] 安睿翔, 王良. 基于大数据与物联网的智慧文物修复保护系统 [J]. 信息与电脑(理论版), 2019(4): 162-164.

[26] 石秀敏, 蒋步云. 故宫博物院文物修复管理系统的设计与实现 [J]. 博物院, 2017(2): 112-119.

[27] 段佩权, 罗涵, 刘瀚文, 等. 养心殿宝匣内五色珠饰的科学分析 [J]. 文博, 2021(4): 92-97.

[28] 段鸿莺, 刘瀚文, 杨玉洁, 等. 故宫宁寿宫装饰彩瓷嵌片釉彩料的分析研究 [J], 文物保护与考古科学, 2019, 31(3): 59-67.

[29] 展菲, 孔艳菊, 刘瀚文, 等. 银镀金累丝长方盆穿珠梅花珊瑚盆景的工艺研究 [J]. 博物院, 2021(6): 126-136.

[30] 张彤, 康葆强, 刘瀚文, 等. 清宫藏庆成灯角片彩绘颜料分析研究 [J]. 中国文物科学研究, 2020(2): 88-96.

[31] 詹长法. 预防性保护问题面面观 [J]. 国际博物馆: 中文版, 2009(3): 96-99.

[32] 孟祥鹏. 文物预防性保护在博物馆中的应用策略 [J]. 文物鉴定与鉴赏, 2022(6): 42-44.

[33] 赵跃. 大数据时代档案数据化的前景展望: 意义与困境 [J]. 档案学研究,

2019(5): 52-60.

[34] 赵跃，石郦冰，孙寒晗."档案数据"一词的使用语境与学科内涵探析[J]. 档案学研究，2021(3): 24-32.

[35] 黄东亮，郑健. 三维模型的数据归档与管理刍议[J]. 档案，2021(11): 59-63.

[36] 李灵风. 三维模型档案化管理初探[J]. 北京档案，2015(8): 34-35.

[37] 乔丹·莫罗. 数据思维：人人必会的数据认知技能[M]. 耿修林译. 广州：广东经济出版社，2022.

[38] 伏春鹏. 大数据背景下的信用档案数据建设流程及策略[J]. 山西档案，2020(3): 134-141.

[39] 姜启源，谢金星，叶俊. 数学模型[M].5版. 北京：高等教育出版社，2018.